勤政殿

Front | Geunjeongjeon Hall in Gyeongbokgung Palace
The central building of Gyeongbokgung Palace, where national ceremonies were held and foreign envoys were welcomed during Joseon Dynasty.

세종 한국어

Sejong Korean

ENGLISH EDITION

1B

Ministry of Culture, Sports and Tourism
National Institute of Korean Language

Published by Kong & Park, Inc.
85, Gwangnaru-ro 56-gil, Gwangjin-gu, Seoul, 05116 Rep. of Korea
info@kongnpark.com

Simultaneously published in the USA by Kong & Park USA, Inc.
1440 Renaissance Drive, Suite 430, Park Ridge, IL 60068, USA
usaoffice@kongnpark.com

1st Published September 1, 2022
6th Printing November 24, 2025
Printed in Korea

ISBN 978-1-63519-044-1 (52395)
ISBN 978-1-63519-051-9 (set)

Library of Congress Control Number: 2022943426

Originally published as *Sejong Hangugeo* (세종한국어)

Foreword

Due to the growing scale of the Hallyu (Korean wave) content, the Hallyu culture (Korean culture) is spreading worldwide. As a result, the eagerness to learn Korean is surprisingly increasing. The number of test-takers for the Korean Language Proficiency Test reached over 300,000 in 2021 despite a worldwide slump due to COVID-19. King Sejong Institutes, affiliated with the Ministry of Culture, Sports, and Tourism, have increased in number from 13 in 2007 to 244 in 84 countries in 2022. To support the continuous spread of the Korean Wave, Korean language education should be provided in well-organized ways.

The Ministry of Culture, Sports, and Tourism and the National Institute of Korean Language decided to revise *Sejong Korean*, first published in 2011, to strengthen the groundwork of Korean language education, which grows along with Hallyu content. For the revising work of the textbook, the primary research started in 2019, and after three years of work, the new *Sejong Korean* was finally published. Then we announced it with the King Sejong Institute Foundation in 2022.

The newly revised *Sejong Korean* has the following features. First, it focuses on foreign learners eager to learn Korean at King Sejong Institutes around the world. Second, it has been developed as an instructional material that can be used flexibly according to the learning environment in each King Sejong Institute worldwide. Third, the foreigner's interest in Hallyu content is reflected in the textbook's content to reduce the learner's burden of learning Korean. Lastly, it plays a pivotal role as a standard textbook representing the King Sejong Institute and provides a foothold for the next step of Korean language learning.

The King Sejong Institute is Korea's representative overseas institution for Korean language education. It connects Korea and the world through the Korean language and culture. The National Institute of Korean Language and the Ministry of Culture, Sports, and Tourism will continue cooperating with the King Sejong Institute Foundation by providing continuous efforts and support so that Korean language lovers worldwide can achieve their dreams.

Lastly, I would like to sincerely thank the research and writing staff as well as publishers for their best efforts in developing the textbook. With the new start of *Sejong Korean*, I would appreciate your warm interest so that the Ministry of Culture, Sports, and Tourism, the National Institute of Korean Language, and the King Sejong Institute Foundation can expand their reach throughout the world.

August 2022
Chang Sowon
Director, National Institute of Korean Language

Preface

The King Sejong Institute is an organization that connects Korea and the world by spreading the Korean language and culture worldwide. This book aims to enable learners to improve their communication skills in Korean by motivating their interest in learning the Korean language based on cross-cultural communication. To this end, the current situations in Korea have been reflected in the content of this book, and a new format and design are applied to introduce the latest teaching methods. We tried to present a new direction for overseas Korean language education. The features of this book are as follows.

First, there are two kinds of books, such as a 'student book' and an 'extension activity book,' so that instructors can use both of them flexibly in Type 가, Type 나, or Type 다, which is part of the standard curriculum of the King Sejong Institute. The 'student book' contains the core content required for each level, and the 'extension activity book' provides a variety of communication activities that require in-depth expansion of language knowledge. This flexibility allows learners to select the right book for their learning environment.

Second, the units are composed in different formats according to levels for effective teaching and learning. Also, this book applies the teaching as well as learning content and procedures relevant to the language development stage. In particular, various illustrations and visual materials motivate a learner's interest in learning Korean.

Third, we present vivid Korean cultural content throughout the book so learners can understand Korean culture from a cross-cultural point of view. As a result, learners can develop the right attitude towards their and Korean cultures.

Fourth, we provide workbooks, teacher's guides, vocabulary and grammar books, and class PPTs along with textbooks so instructors and learners can use them for their needs.

I would like to thank the National Institute of Korean Language for joining the entire production of this book from planning to the end. I would also like to thank the King Sejong Institute Foundation for its cooperation and support with local institutes worldwide. Also, I appreciate Kong & Park Publishing Company for designing this book for learners to learn Korean in a fun way. Lastly, I would like to thank the researchers who contributed all their efforts to this book with their love for Korean language education for almost three years.

August 2022

Lead Author Lee Jung Hee
Professor, Institute of International Education Kyung Hee University

Contents

Scope and Sequence

Unit	Topic	Title	Function
1	Favorite Things	What food do you like?	Asking and answering questions
2		I'm going to the library to borrow books	Introducing
3	Shopping	I'm going to shop at a department store	Planning
4		Do you have pants that are a little bigger?	Describing
5	Transportation and Movement	Do you know where Sejong Restaurant is?	Giving directions
6		How can I get to Hanguk Art Museum?	Asking and answering questions
7	Travel	I'm planning to go to Jeju Island	Planning
8		It was better than the last trip	Describing and comparing
9	Health	You need to take plenty of rest at home	Explaining and giving advice
10		I go swimming before school	Explaining
11	Gatherings and Gifts	Can you make Korean food?	Suggesting and recommending
12		I'm going to give Jinnie a pen as a gift	Asking and answering questions

Vocabulary and Expressions	Grammar		Pronunciation	Activity
Food	무슨	못		Talking about favorite food Writing about favorite food
Hobbies	-(으)러 가다	도	Aspiration	Introducing hobbies Writing about hobbies
Outfit	-아서/어서 (Reason)	-(으)ㄹ 거예요		Talking about shopping plans Writing about shopping plans
Basic adjectives	-(으)ㄴ (Adjectives)	-습니다/ㅂ니다, -습니까?/ㅂ니까?	Nasalization	Talking about things you want Writing about shopping places
Direction and movement	Interrogative	(으)로 (Direction)		Giving directions Writing about how to get home
Means of transportation	○에서 ○까지	-아요/어요 (Request)	Tensification	Talking about transportation Writing about transportation
Travel plans	-(으)려고 하다	-고		Talking about travel plans Writing about travel plans
Travel experience	-(으)ㄴ 후에	보다	Double final consonants ㄶ	Comparing and talking about travel experiences Writing about travel experiences
Body and symptoms of sickness	-지만	-아야/어야 되다		Talking about symptoms and giving advice Writing about your experiences when you were sick
Healthy life	-기 전에	-아서/어서 (Sequence)	Double final consonants ㄼ	Talking about what you do according to time order Writing about healthy lifestyle habits
Preparing for gatherings	-(으)ㄹ 수 있다, 없다	-고 있다		Suggesting and recommending a gathering Writing an invitation
Gifts	에게, 한테	-(으)니까 (Reason)	Aspiration	Talking about gifts you want to give to someone Writing a congratulations card

How to Use This Book

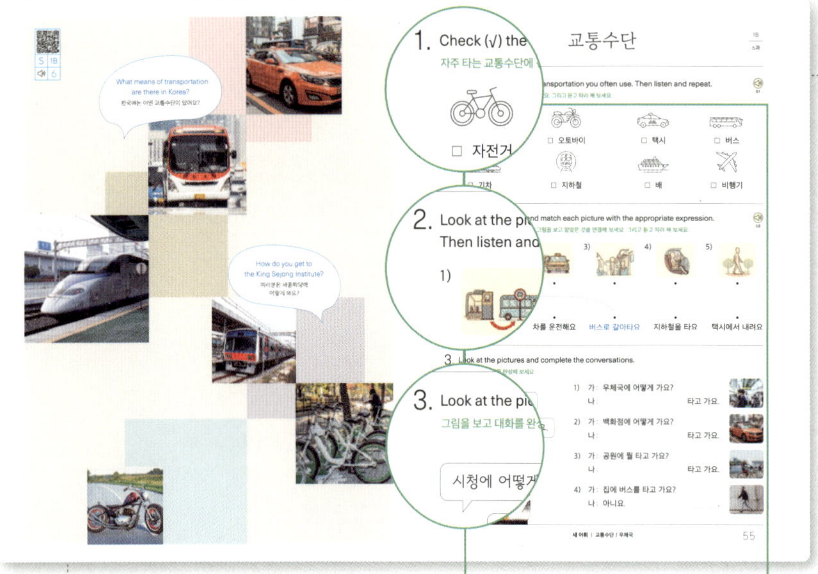

Vocabulary and Expression

"Vocabulary and Expression" presents basic vocabulary and phrases related to the unit's topic, focusing on language use. This section is designed to provide a variety of exercises according to difficulty levels for a step-by-step learning environment. This section also helps learners internalize what they learn through basic vocabulary and phrases, repetitive drills, meaningful practices, and other activities.

Introduction

"Introduction" presents situations and introduces Korean cultural content related to the unit's topic. This section helps learners familiarize themselves with the unit's content with fun and ease by triggering their background knowledge.

No. 1 enables learners to understand vocabulary meanings through illustrations or simple activities. No. 2 and No. 3 provide additional exercises for the expressions and offer an opportunity for learners to express themselves.

Grammar 1 · Grammar 2

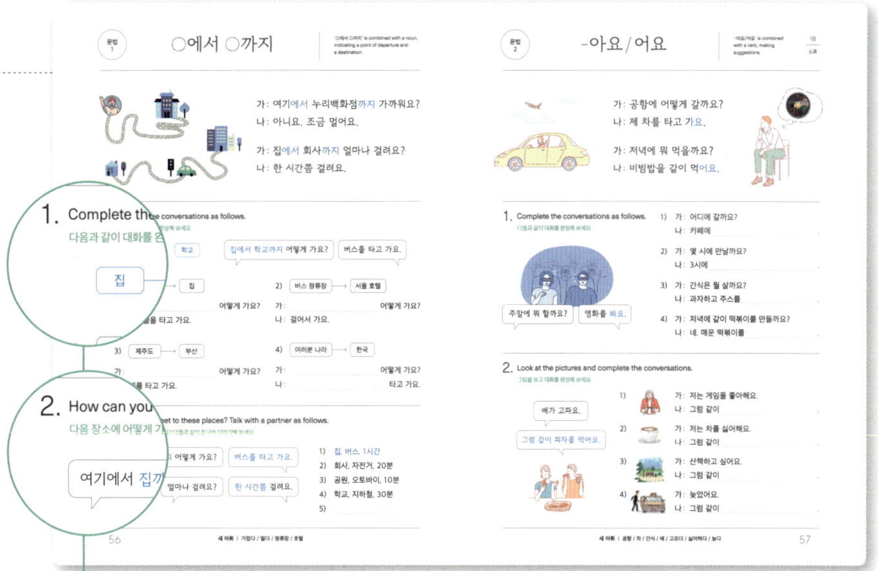

"Grammar 1" and "Grammar 2" present two essential grammar concepts considering their necessity and importance in the unit. The description of each grammar concept is shown at the top of the page.

- No. 1 helps learners master grammar concepts through controlled and simple exercises.
- No. 2 helps learners reinforce the grammar concepts through speaking activities with their partners or group activities using their knowledge or experiences.

Activity 1

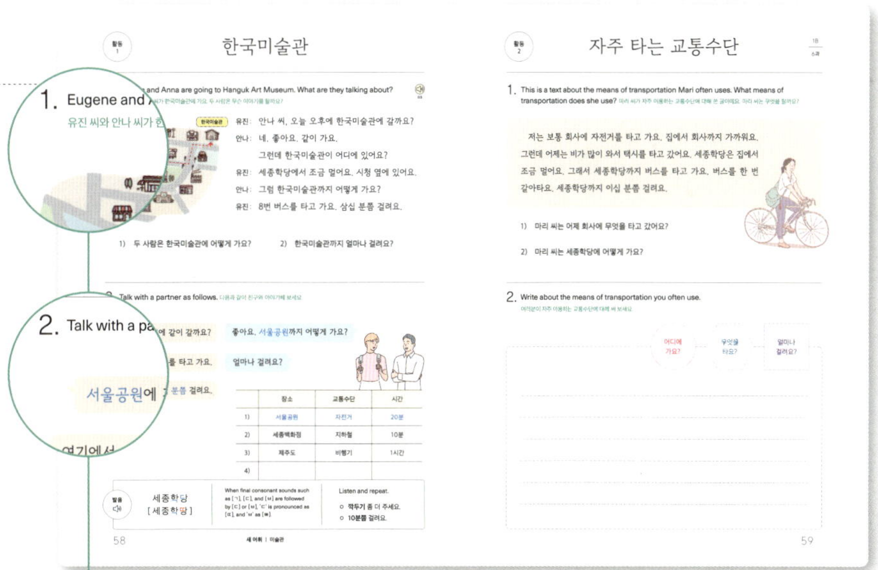

"Activity 1" focuses on listening and speaking activities based on the conversation.

In Level 1, every even-numbered unit presents target words or phrases with actual pronunciations and explanations about how to pronounce them. Therefore learners can understand the pronunciation rules and develop good pronunciation habits.

- No. 1 presents sample dialogues with the topic of the unit. Before each dialogue, the question used in the directions motivates learners to predict what the dialogue will be about. After the dialogue, there are comprehension questions to check whether learners understood the dialogue.
- No. 2 organizes the contents of sample dialogues into systematic charts for learners to become familiar with the expressions by practicing through the substitution of vocabulary. As the last step of this substitution exercise, learners can express themselves in similar situations by creating dialogues using their knowledge or experiences.

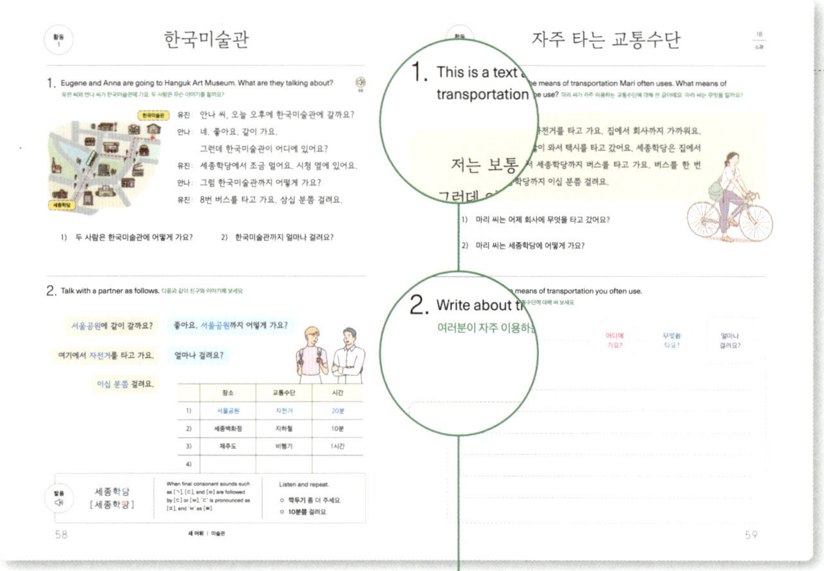

Activity 2

Activity 2 focuses on reading and writing practices.

No. 1 presents opening questions related to the topic as a pre-reading activity and offers comprehension checkup questions.

No. 2 offers a writing activity related to the topic of the reading passage in No. 1. Learners can practice their writing skills by using the text in No. 1 as an example.

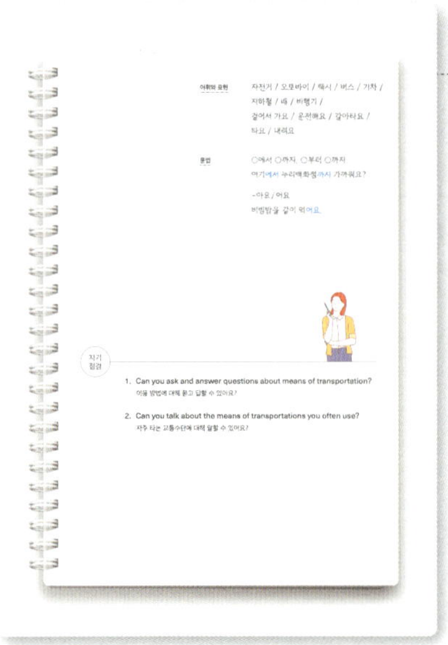

Wrap Up **Self-Check**

"Wrap Up" summarizes vocabulary, expressions, and grammar concepts covered in the unit. This section presents key sentences including target grammar concepts, so learners can reinforce their understanding and put it into practice.

"Self-Check" presents questions to check the learners' understanding of the topic and whether they can put it into practice. By answering those questions learners can check whether they achieved the unit's learning objectives.

Characters

Mari
마리

Mari is an office worker. She works for the same company as Jaemin. She likes hiking and listening to K-POP.

Sujie
수지

Sujie is a university student. She is currently studying abroad. She likes taking pictures.

Anna
안나

Anna is a university student. She likes Korean dramas and K-POP. She has a cheerful and outgoing personality.

Eugene
유진

Eugene is a university student. He enjoys watching movies, playing tennis, and doing other activities.

Juno
주노

Juno is an office worker. He studied in Korea. He enjoys reading and traveling.

Jaemin
재민

Jaemin is an office worker. He works for an overseas company. He enjoys taking walks and camping.

What food do you like?

무슨 음식을 좋아해요?

Let's ask and answer questions about your favorite food.

좋아하는 음식을 묻고 답할 수 있어요.

S 1B 1

Do you know a lot about Korean food?

여러분은 한국 음식을 많이 알아요?

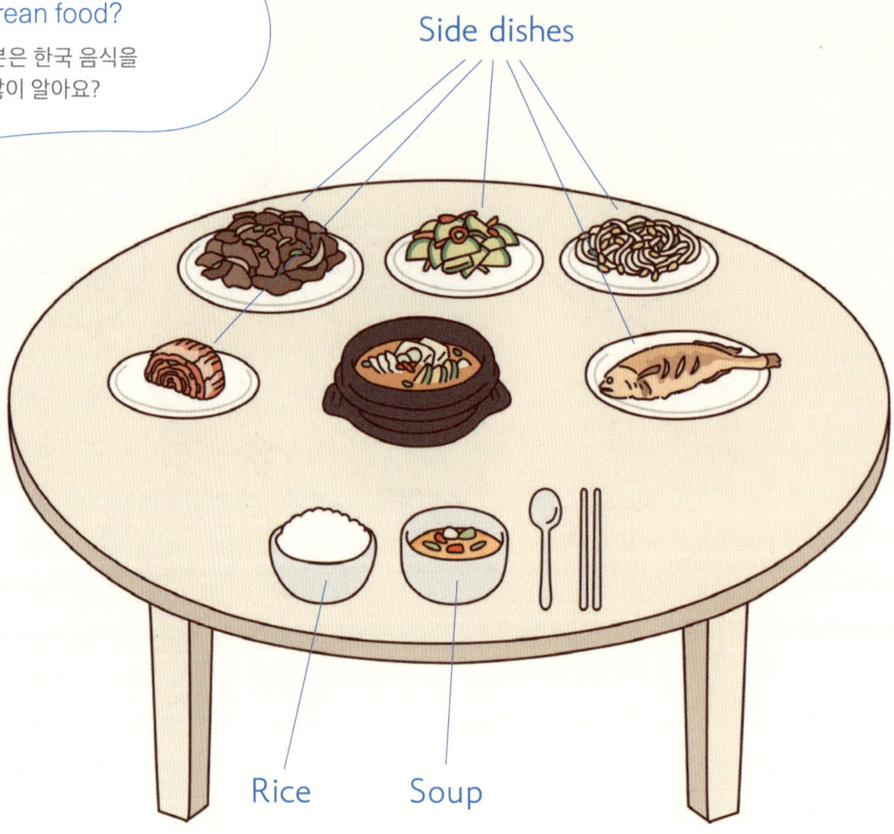

What is your favorite food from your country?

가장 좋아하는 여러분 나라의 음식은 뭐예요?

어휘와 표현

음식

1. Check (√) the words you are familiar with. Then listen and repeat.

알고 있는 음식에 √ 표시를 해 보세요. 그리고 듣고 따라 해 보세요.

01

☐ 비빔밥

☐ 불고기

☐ 김치찌개

☐ 된장찌개

☐ 냉면

☐ 볶음밥

☐ 잡채

☐ 떡볶이

☐ 김밥

☐ 라면

2. Fill in the blanks with the approprite words. Then write any food you are familiar with.

빈칸에 들어갈 단어를 찾아 써 보세요. 그리고 여러분이 아는 음식을 자유롭게 써 보세요.

밥 / 면 / 찌개

김치 ______ 된장 ______

비빔 ______ 볶음 ______ 김 ______

라 ______ 냉 ______

3. Talk with a partner as follows.

다음과 같이 친구와 이야기해 보세요.

안나 씨, 뭘 먹을까요?

저는 비빔밥을 먹고 싶어요. 재민 씨는요?

저는 김치찌개를 좋아해요.

그럼 우리 비빔밥하고 김치찌개를 주문해요.
저기요. 비빔밥하고 김치찌개 주세요.

문법
1

무슨

'무슨' comes before a noun, asking about the noun more specifically.

가: 무슨 음식을 좋아해요?

나: 저는 한국 음식을 좋아해요.

가: 생일에 무슨 선물을 받았어요?

나: 운동화를 받았어요.

1. Complete the conversations as follows. 다음과 같이 대화를 완성해 보세요.

무슨 계절을 좋아해요?

저는 여름을 좋아해요.

1) 가: 무슨 운동을 자주 해요?
   나: 저는 ....

2) 가: 무슨 음식을 자주 먹어요?
   나: 저는 ....

3) 가: 무슨 선물을 받고 싶어요?
   나: 저는 ....

4) 가: 무슨 과일을 샀어요?
   나: ....

2. What kind of things do you like? Talk with a partner as follows.

여러분은 무엇을 좋아해요? 다음과 같이 친구와 이야기해 보세요.

마리 씨, 한국 음식을 좋아해요?

네. 좋아해요.

무슨 음식을 가장 좋아해요?

저는 된장찌개를 가장 좋아해요.

	친구 이름	한국 음식	음악	동물	운동
1)	마리	된장찌개	케이팝 (K-POP)	고양이	테니스
2)					
3)					
4)					

새 어휘 | 선물 / 받다 / 가장 / 동물 / 테니스

문법 2

못

'못' comes before a verb, indicating that a certain action does not occur due to inability or other reasons.

가: 우리 같이 수영장에 갈까요?
나: 미안해요. 저는 수영을 **못** 해요.

가: 떡볶이를 좋아해요?
나: 아니요. 저는 떡볶이를 **못** 먹어요.

1. Write what these people cannot do.

이 사람들이 못 하는 것을 써 보세요.

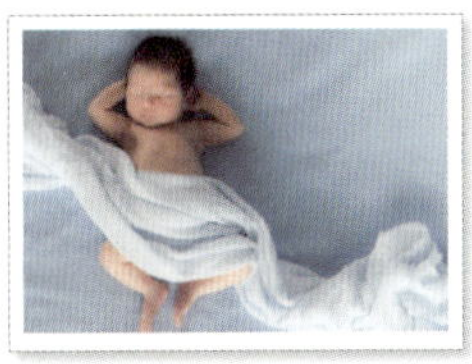

혼자 밥을 못 먹어요.

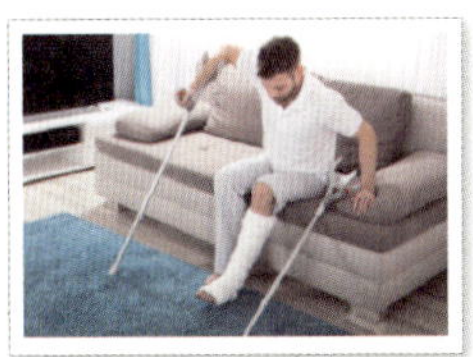

운동을 못 해요.

2. What can't our classmates do? Talk as follows.

우리 반 친구들은 무엇을 못 해요?
다음과 같이 이야기해 보세요.

유진 씨, 자전거를 잘 타요?

네. 잘 타요.

유진 씨, 피아노를 잘 쳐요?

아니요. 저는 피아노를 못 쳐요.

	친구 이름	자전거	피아노	수영	운전
1)	유진	○	×	×	○
2)					
3)					
4)					

새 어휘 | 미안하다 / 혼자 / 치다 / 운전

활동 1 좋아하는 음식

1. Anna and Eugene are talking about their favorite food. What is their favorite food?

02

안나 씨와 유진 씨가 좋아하는 음식을 이야기해요. 두 사람은 무슨 음식을 좋아할까요?

안나: 유진 씨, 한국 음식을 좋아해요?

유진: 네. 저는 불고기를 좋아해요.
안나 씨는 불고기를 좋아해요?

안나: 저는 고기를 못 먹어요.

유진: 그럼 무슨 음식을 좋아해요?

안나: 저는 떡볶이를 좋아해요.

1) 두 사람이 좋아하는 음식을 연결하고 음식 이름을 써 보세요.

① 유진  • •  ☐☐☐

② 안나  • •  ☐☐☐

2) 안나 씨는 무엇을 못 먹어요?

2. What food do you like? Talk with a parther as follows.

무슨 음식을 좋아해요? 다음과 같이 친구와 이야기해 보세요.

주노 씨는 무슨 음식을 좋아해요?

저는 김치찌개를 좋아해요.
마리 씨는 김치찌개를 좋아해요?

아니요. 저는 김치를 못 먹어요.

	친구가 좋아하는 음식	내가 못 먹는 것
1)	김치찌개	김치
2)	햄버거	고기
3)	생선 초밥	생선
4)		

새 어휘 | 고기 / 햄버거 / 생선 / 초밥 / 내 / 것

활동 2

한국 음식

1. This is a text about someone's favorite food. What is this person's favorite food?

좋아하는 음식에 대해 쓴 글이에요. 이 사람은 무슨 음식을 좋아할까요?

여러분은 무슨 음식을 좋아해요? 저는 한국 음식을 좋아해요. 일주일에 세 번 한국 식당에 가요. 저는 불고기와 김치찌개를 자주 먹어요. 불고기는 정말 맛있어요. 김치찌개는 조금 매워요. 하지만 맛있어요. 이번 주말에는 친구하고 한국 식당에 갈 거예요.

1) 이 사람은 왜 한국 식당에 자주 가요?

2) 김치찌개의 맛은 어때요?

2. Write about your favorite food.

여러분이 좋아하는 음식에 대해 써 보세요.

무슨 음식을 좋아해요? → 얼마나 자주 먹어요? → 그 음식은 어때요?

새 어휘 | 일주일 / 조금 / 하지만 / 왜 / 맛 / 얼마나

어휘와 표현

비빔밥 / 불고기 / 김치찌개 / 된장찌개 / 냉면 / 볶음밥 / 잡채 / 떡볶이 / 김밥 / 라면

문법

무슨

무슨 음식을 좋아해요?

못

저는 수영을 못 해요.

자기 점검

1. Can you talk about food you can't eat?
   못 먹는 음식을 말할 수 있어요?

2. Can you ask and answer questions about your favorite food?
   좋아하는 음식을 묻고 답할 수 있어요?

I'm going to the library to borrow books

도서관에 책을 빌리러 가요

Let's talk about our hobbies.

자신의 취미를 소개할 수 있어요.

S 1B

2

What kinds of hobbies do Koreans enjoy?
한국 사람들은 어떤 취미 활동을 많이 해요?

Popular Hobbies in Korea

What is your hobby?
여러분의 취미는 뭐예요?

No. 1 Mountain hiking No. 2 Working out No. 3 Listening to music No. 4 Playing games

취미 활동

1. What is your hobby? How often do you spend time on your hobby? Check (√) your hobbies. Then listen and repeat.

01

취미가 뭐예요? 그것을 얼마나 자주 해요? 빈칸에 표시해 보세요. 그리고 듣고 따라 해 보세요.

매일 해요 ☆ 자주 해요 ○ 가끔 해요 △ 안 해요 ×

운동을 해요(　　)

그림을 그려요(　　)

요리를 해요(　　)

노래를 들어요(　　)

책을 읽어요(　　)

기타를 쳐요(　　)

드라마를 봐요(　　)

게임을 해요(　　)

낚시를 해요(　　)

2. Fill in the blanks with the appropriate words. 빈칸에 알맞은 말을 써 보세요.

책 / 신문	영화 / 드라마 / 콘서트	음악 / 노래	기타 / 피아노	게임 / 등산 / 수영 / 여행
읽어요				

3. Talk with a parther as follows. 다음과 같이 친구와 이야기해 보세요.

유진 씨, 운동을 좋아해요?

네. 좋아해요.
요즘은 농구를 자주 해요.

1)	운동	농구를 자주 하다
2)	음악	케이팝(K-POP)을 자주 듣다
3)	영화	한국 영화를 자주 보다
4)		

문법 1

–(으)러 가다

'-(으)러 가다' is combined with a verb to, indicating the purpose of a movement. '-으러 가다' is used when a verb stem ends with a consonant, and '-러 가다' when a verb stem ends with a vowel. '-러 가다' is used when a verb stem ends with 'ㄹ.'

가: 재민 씨, 지금 어디에 가요?

나: 점심을 먹으러 식당에 가요.

가: 오늘도 축구를 하러 가요?

나: 네. 세 시에 가요.

1. Match the expressions related to each other and talk as follows.

알맞은 것을 연결하고 다음과 같이 이야기해 보세요.

1) 책을 빌리다 •	• 은행에 가다
2) 운동을 하다 •	• 헬스클럽에 가다
3) 돈을 찾다 •	• 도서관에 가다
4) 한국어 수업을 듣다 •	• 세종학당에 가다

지금 어디에 가요?

책을 빌리러 도서관에 가요.

2. Why do you go to these places? Talk with a partner as follows.

그곳에 왜 가요? 다음과 같이 친구와 이야기해 보세요.

세종학당
King Sejong Institute

세종학당 사무실에 왜 가요?

한국어 선생님을 만나러 가요.

새 어휘 | 빌리다 / 은행 / 헬스클럽 / 돈을 찾다 / 사무실

문법 2

도

'도' attaches to the end of a noun or some postpositional participles, indicating that something is added to the thing already mentioned.

가: 누가 자전거를 타요?

나: 안나 씨가 자전거를 타요. 수지 씨도 자전거를 타요.

가: 월요일에 한국어 수업이 있어요?

나: 네. 있어요. 그리고 수요일에도 있어요.

1. Look at the pictures and complete the conversations.

그림을 보고 대화를 완성해 보세요.

(책상)

(옷장)

방에 뭐가 있어요?

제 방에는 책상이 있어요.
그리고 옷장도 있어요.

1)  (축구)  (테니스)

가: 무슨 운동을 좋아해요?

나: 저는 축구를 좋아해요. 그리고 ....
....

2)  (안나 씨)  (수지 씨)

가: 오늘 생일 파티에 누가 와요?

나: 안나 씨가 와요. 그리고 ....

3)  (사과)  (바나나)

가: 뭘 사요?

나: 사과를 사요. 그리고 ....

4)  (아침)  (저녁)

가: 언제 운동을 해요?

나: 아침에 운동을 해요. 그리고 ....
....

2. Write the words in the blanks and talk with a partner as follows.

다음과 같이 쓰고 친구와 이야기해 보세요.

무슨 음식을 먹고 싶어요?

불고기를 먹고 싶어요.
그리고 잡채도 먹고 싶어요.

1) 무슨 음식을 먹고 싶어요? ☐ 불고기 ☐ 잡채

2) 뭘 배우고 싶어요? ☐ .... ☐ ....

3) 뭘 하고 싶어요? ☐ .... ☐ ....

4) 주말에 보통 뭐 해요? ☐ .... ☐ ....

활동 1

안나 씨와 주노 씨의 취미

1. Anna and Juno are talking about their hobbies. What are their hobbies?

안나 씨와 주노 씨가 취미에 대해 이야기해요. 두 사람의 취미는 무엇일까요?

02

안나: 주노 씨는 취미가 뭐예요?

주노: 저는 독서를 좋아해요.
그래서 자주 도서관에 책을 빌리러 가요. 안나 씨는요?

안나: 저는 드라마를 좋아해요. 특히 한국 드라마를 자주 봐요.

주노: 그래요? 저도 한국 드라마를 좋아해요.

1) 안나 씨와 주노 씨는 무엇을 좋아해요?

2) 안나 씨는 무슨 드라마를 자주 봐요?

2. What are our classmates' hobbies? Talk with a partner as follows.

우리 반 친구들의 취미는 뭐예요? 다음과 같이 친구와 이야기해 보세요.

마리 씨, 취미가 뭐예요?

제 취미는 운동이에요. 그래서 매일 운동을 해요. 유진 씨는요?

저는 낚시를 좋아해요.

	이름	취미
1)	마리	운동
	유진	낚시
2)	수지	자전거
	주노	요리
3)		

발음

특히
[트키]

When final consonants such as 'ㄱ,' 'ㄷ,' 'ㅂ,' 'ㅈ' are followed by 'ㅎ,' they are combined with 'ㅎ' and pronounced as [ㅋ], [ㅌ], [ㅍ], [ㅊ], respectively.

Listen and repeat.

- **백화점에** 가요.
- 수업을 **시작해요**.

새 어휘 | 독서 / 그래서 / 특히

활동
2

나의 취미

1. This is a text about someone's hobby. What does this person like to do?

취미를 소개하는 글이에요. 이 사람은 무엇을 좋아할까요?

저는 수영을 좋아해요. 5년 전에 수영을 배웠어요. 매일 수영을 하러 집 근처 수영장에 가요. 보통 혼자 수영장에 가요. 이번 여름에는 친구들하고 바다에 가고 싶어요. 바다에서 친구들하고 같이 수영을 하고 싶어요.

1) 이 사람의 취미는 뭐예요?

2) 이 사람은 이번 여름에 무엇을 하고 싶어 해요?

2. Write about your hobby. 여러분의 취미를 소개하는 글을 써 보세요.

취미가 뭐예요? | 언제부터 했어요? | 얼마나 자주 해요? | 누구하고 같이 해요? | ?

어휘와 표현

운동을 해요 / 그림을 그려요 / 요리를 해요 / 노래를 들어요 / 책을 읽어요 / 기타를 쳐요 / 드라마를 봐요 / 게임을 해요 / 낚시를 해요

문법

-(으)러 가다

점심을 먹으러 가요.

도

안나 씨가 자전거를 타요. 수지 씨도 자전거를 타요.

자기 점검

1. **Can you talk about your hobby?**
   자신의 취미를 소개할 수 있어요?

2. **Can you say how often you spend time on your hobby?**
   취미 활동을 얼마나 자주 하는지 말할 수 있어요?

I'm going to shop at a department store

백화점에서 쇼핑할 거예요

Let's talk about our shopping plans.

쇼핑 계획을 말할 수 있어요.

S 1B

3

What are these people buying?

이 사람은 무엇을 사요?

Where do you like to go shopping?

여러분은 어디에서 쇼핑을 자주 해요?

어휘와 표현

옷차림

1. What kind of clothes do you often wear? Check (√) the words. Then listen and repeat.

무슨 옷을 자주 입어요? √ 표시를 해 보세요. 그리고 듣고 따라 해 보세요.

01

☐ 티셔츠

☐ 청바지

☐ 치마

☐ 정장

☐ 운동복

2. Match each picture with the appropriate word. Then listen and repeat.

알맞은 것을 연결해 보세요. 그리고 듣고 따라 해 보세요.

02

1) 

2) 

3) 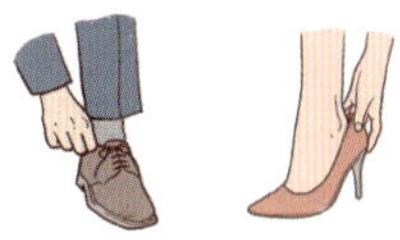

4) 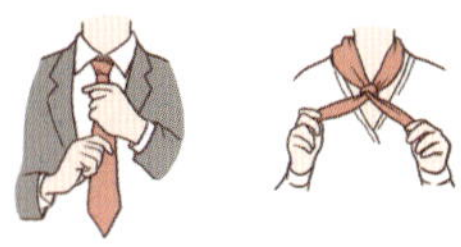

매요 입어요 써요 신어요

3. Look at the pictures and complete the conversations.

그림을 보고 대화를 완성해 보세요.

무슨 옷을 사고 싶어요?

청바지를 사고 싶어요.

1) 가: 무슨 옷을 사고 싶어요?
나: ________________ 사고 싶어요.

2) 가: 무슨 신발을 사고 싶어요?
나: ________________ 사고 싶어요.

3) 가: 바지를 사고 싶어요?
나: 아니요. ________________ 사고 싶어요.

4) 가: 운동화를 사고 싶어요?
나: 아니요. ________________ 사고 싶어요.

문법 1

-아서/어서

'-아서/어서' is combined with a verb or an adjective, indicating that the preceding content is the reason or the cause for the following content.

가: 기차역에 왜 가요?

나: 친구가 와서 기차역에 가요.

가: 정장을 왜 샀어요?

나: 친구 결혼식이 있어서 샀어요.

1. Complete the sentences as follows.

다음과 같이 문장을 완성해 보세요.

비가 와요. | 수영을 못 해요.

↓

비가 와서 수영을 못 해요.

1) 커피를 좋아해요. 매일 마셔요.

→ ....

2) 요즘 바빠요. 운동을 못 해요.

→ ....

3) 친구를 만나고 싶어요. 친구 집에 갔어요.

→ ....

4) 아침에 밥을 못 먹었어요. 점심을 많이 먹었어요.

→ ....

2. Look at the pictures and complete the conversations.

그림을 보고 대화를 완성해 보세요.

왜 아직 회사에 있어요?

일이 많아서 회사에 있어요.

1) 가: 어디에 가요?

나: .... 친구 집에 가요.

2) 가: 어제 왜 등산을 못 했어요?

나: .... 집에 있었어요.

3) 가: 김치를 좋아해요?

나: 네. .... 자주 먹어요.

4) 가: 왜 한국어를 공부해요?

나: ....

한국어를 공부해요.

새 어휘 | 기차역 / 결혼식 / 아직

문법 2

-(으)ㄹ 거예요

'-(으)ㄹ 거예요' is combined with a verb, indicating a future event or a plan.

1B / 3과

가: 저녁에 책을 읽을 거예요?

나: 아니요. 공원에서 자전거를 탈 거예요.

가: 이번 주말에 뭐 할 거예요?

나: 백화점에서 쇼핑할 거예요.

1. Look at the pictures and complete the conversations.

그림을 보고 대화를 완성해 보세요.

오후에 뭐 할 거예요?

영화를 볼 거예요.

1) 가: 저녁에 뭐 할 거예요?
   나: 한국 음식을 ____________________.

2) 가: 내일 뭐 할 거예요?
   나: 신발을 ____________________.

3) 가: 주말에 뭐 할 거예요?
   나: 바다에 ____________________.

4) 가: 이따가 뭐 할 거예요?
   나: 집에서 책을 ____________________.

2. Talk about your shopping plans with a partner as follows.

쇼핑 계획을 다음과 같이 친구와 이야기해 보세요.

저는 내일 쇼핑몰에 갈 거예요. 쇼핑몰에서 신발을 살 거예요.

	언제 쇼핑할 거예요?	어디에 갈 거예요?	뭘 살 거예요?
1)	내일	쇼핑몰	신발
2)			
3)			
4)			

새 어휘 | 이따가

활동 1

주노 씨의 쇼핑 계획

1. Anna and Juno are talking about shopping plans. What do they say?

안나 씨와 주노 씨가 쇼핑 계획을 이야기하고 있어요. 두 사람은 무슨 이야기를 할까요?

(03)

안나: 주노 씨, 내일 뭐 할 거예요?

주노: 쇼핑할 거예요.

안나: 뭐 살 거예요?

주노: 토요일에 친구 결혼식이 있어서 정장을 살 거예요.

안나: 어디에서 살 거예요?

주노: 백화점에서 살 거예요.

1) 주노 씨는 왜 쇼핑을 해요?

2) 주노 씨는 무엇을 살 거예요?

2. Talk with a partner as follows. 다음과 같이 친구와 이야기해 보세요.

주말에 뭐 할 거예요?

옷 가게에 갈 거예요.

뭐 살 거예요?

운동복이 없어서 운동복을 살 거예요.

	장소	이유	물건
1)	옷 가게	운동복이 없다	운동복
2)	백화점	동생 생일이다	화장품
3)	마트	떡볶이를 먹고 싶다	떡하고 채소
4)			

새 어휘 | 계획 / 이유 / 떡 / 채소

활동 2

수지 씨의 쇼핑 계획

1. This is Sujie's shopping plan. What is she going to buy?

수지 씨의 쇼핑 계획이에요. 수지 씨는 무엇을 살까요?

저는 주말에 여행을 갈 거예요. 그런데 여행 가방하고 모자가 없어요. 그래서 오늘 여행 가방하고 모자를 살 거예요. 요즘 너무 바빠서 인터넷 쇼핑을 할 거예요. 인터넷 쇼핑몰에는 여행 가방하고 모자가 많아요. 그리고 아주 싸요.

1) 수지 씨는 무엇을 살 거예요?

2) 수지 씨는 왜 인터넷으로 쇼핑을 해요?

2. Write about your shopping plan. 여러분의 쇼핑 계획을 써 보세요.

왜 살 거예요?

언제 살 거예요?

무엇을 살 거예요?

어디에서 살 거예요?

새 어휘 | 너무 / 인터넷 / 싸다

어휘와 표현

티셔츠 / 청바지 / 치마 / 정장 / 운동복 / 매요 / 입어요 / 써요 / 신어요

문법

-아서/어서

친구가 와서 기차역에 가요.

-(으)ㄹ 거예요

공원에서 자전거를 탈 거예요.

자기 점검

1. Can you describe the clothes that people are wearing?
   옷차림에 대해 말할 수 있어요?

2. Can you ask and answer questions about a shopping plan?
   쇼핑 계획을 묻고 답할 수 있어요?

04

Do you have pants that are a little bigger?

더 큰 사이즈는 없어요?

Let's describe things.

물건이 어떤지 말할 수 있어요.

S | 1B | 4

What do you think
about this person's shoes?
이 사람의 신발은 어때요?

How do people say
shoe sizes in your country?
여러분 나라에서는
신발 사이즈를 어떻게 말해요?

Shoe Size Conversion Chart

Men

Korea	U.S.	U.K.	China	Europe
250	7	6	40	40
255	7.5	6.5	41	40.5
260	8	7	42	41
265	8.5	7.5	43	42
270	9	8	44	42.5
275	9.5	8.5	45	43
280	10	9	46	44
285	10.5	9.5	47	44.5
290	11	10	48	45

Women

Korea	U.S.	U.K.	China	Europe
220	5	2.5	34	36
225	5.5	3	35	36.5
230	6	3.5	36	37
235	6.5	4	37	37.5
240	7	4.5	38	38
245	7.5	5	39	38.5
250	8	5.5	40	39
255	8.5	6	41	39.5
260	9	6.5	42	40

기본 형용사

1. How do you describe these pictures? Listen and repeat.

다음 그림을 어떻게 말할까요? 듣고 따라 해 보세요.

01

커요

작아요

넓어요

좁아요

높아요

낮아요

길어요

짧아요

비싸요

싸요

편해요

불편해요

2. Fill in the blanks with the appropriate words to complete the sentences.

빈칸에 알맞은 말을 써서 문장을 완성해 보세요.

1) 이 가방이 조금 ______________.
2) 저 수박이 정말 ______________.
3) 세종학당 교실이 ______________.
4) 친구 머리가 정말 ______________.

3. Look at the pictures and complete the conversations.

그림을 보고 대화를 완성해 보세요.

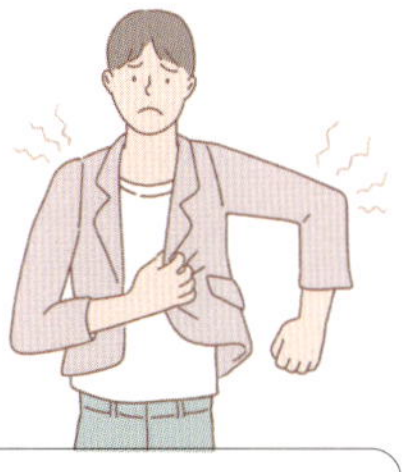

이 옷이 어때요?

작아요.

1) 

가: 이 바지가 어때요?
나: ______________.

2) 

가: 이 티셔츠가 어때요?
나: ______________.

3) 

가: 이 구두가 어때요?
나: 조금 ______________.

4) 

가: 이 의자가 어때요?
나: 정말 ______________.

문법 1

-(으)ㄴ

'-(으)ㄴ' is combined with an adjective, modifying the following noun and indicating the state of the noun.

가: 뭘 찾으세요?

나: 작은 우산을 사고 싶어요.

가: 오늘 뭐 살 거예요?

나: 예쁜 가방을 살 거예요.

1. Look at the pictures and complete the conversations.

그림을 보고 대화를 완성해 보세요.

어제 뭐 샀어요?

작은 케이크를 샀어요.

(작다)

1) 

가: 뭐 살 거예요?

나: .... 살 거예요. (크다)

2) 

가: 뭘 보고 있어요?

나: .... 보고 있어요. (귀엽다)

3) 

가: 내일 뭐 입을 거예요?

나: .... 입을 거예요. (길다)

4) 

가: 오늘 뭐 먹었어요?

나: .... 먹었어요. (맛있다)

2. What is in the room? Look at the picture and create a story.

방에 무엇이 있어요? 그림을 보고 글을 완성해 보세요.

여기는 제 방이에요. 제 방에는 큰 창문이 있어요.

....

....

....

새 어휘 | 찾다 / 귀엽다

문법 2

-습니다/ㅂ니다 -습니까?/ㅂ니까?

'-습니다/ㅂ니다/-습니까/ㅂ니까' is combined with a verb or an adjective, describing or asking something.

가: 큰 가방 있어요?

나: 네. 여기 있**습니다**.

가: 오늘 회의는 몇 시에 합**니까**?

나: 다섯 시에 합**니다**.

1. Look at the pictures and complete the conversations.

그림을 보고 대화를 완성해 보세요.

무엇을 합니까?

밥을 **먹습니다**.

1) 가: 무엇을 합니까?
   나: 잠을 ______________.

2) 가: 무엇을 합니까?
   나: 책을 ______________.

3) 가: 무엇을 합니까?
   나: 음악을 ______________.

4) 가: 무엇을 합니까?
   나: 빵을 ______________.

2. What would you like to do in the future? Talk as follows.

여러분은 앞으로 무엇을 하고 싶어요? 다음과 같이 이야기해 보세요.

제 꿈은 요리사입니다.
저는 요리를 정말 좋아합니다.
그래서 앞으로 맛있는 음식을
많이 만들고 싶습니다.

활동 1

유진 씨의 쇼핑

1. Eugene went to a clothing store. What are Eugene and the clerk talking about?

유진 씨가 옷 가게에 갔어요. 점원과 유진 씨는 무슨 이야기를 할까요?

02

점원: 손님, 어떠세요?

유진: 좀 작아요. 더 큰 사이즈는 없어요?

점원: 죄송합니다. 이 바지는 큰 사이즈가 없어요. 그럼 저 바지는 어떠세요? 저건 큰 사이즈가 있어요.

유진: 네. 좋아요.

점원: 잠시만 기다리세요.

1) 유진 씨가 무엇을 해요?

2) 바지가 어땠어요?

2. Talk with a partner as follows. 다음과 같이 친구와 이야기해 보세요.

뭘 찾으세요?

운동화 좀 보여 주세요.

어떠세요?

좀 불편해요. 편한 운동화는 없어요?

여기 있습니다.

	물건	어때요?
1)	운동화	불편하다 → 편하다
2)	청바지	짧다 → 길다
3)	여행 가방	크다 → 작다
4)		

발음

있습니다
[읻씁니다]
→[읻씀니다]

When final consonants such as 'ㄱ,' 'ㄷ,' 'ㅂ' come before nasal sounds such as 'ㄴ,' 'ㅁ,' they are pronounced as [ㅇ], [ㄴ], [ㅁ] respectively.

Listen and repeat.

- 비가 **옵니다**.
- 저는 **한국말을** 배워요.

새 어휘 | 점원 / 손님 / 사이즈 / 죄송하다 / 잠시 / 기다리다 / 보이다

활동 2

누리 쇼핑몰

1. This is a text about Nuri Shopping Mall. What is it like?

누리 쇼핑몰에 대해 쓴 글이에요. 누리 쇼핑몰은 어떤 곳일까요?

저는 누리 쇼핑몰에 자주 갑니다. 누리 쇼핑몰은 집 근처에 있어서 좋습니다. 누리 쇼핑몰에는 옷 가게하고 신발 가게가 있습니다. 예쁜 옷하고 가격이 싼 신발이 많습니다. 그래서 저는 누리 쇼핑몰에서 옷하고 신발을 많이 삽니다.

1) 이 사람은 어디에 자주 가요?

2) 누리 쇼핑몰에는 무엇이 많아요?

2. Write about a place where you often go shopping.

여러분이 자주 가는 쇼핑 장소를 써 보세요.

어디에 자주 가요? | 어떤 물건들이 있어요? | 무엇을 사요? | 그 쇼핑 장소를 좋아하는 이유가 뭐예요?

어휘와 표현

커요 / 작아요 / 넓어요 / 좁아요 / 높아요 / 낮아요 / 길어요 / 짧아요 / 비싸요 / 싸요 / 편해요 / 불편해요

문법

-(으)ㄴ
작은 우산을 사고 싶어요.

-습니다 / ㅂ니다, -습니까? / ㅂ니까?
오늘 회의는 몇 시에 합니까? /
다섯 시에 합니다.

자기 점검

1. Can you ask and answer questions using basic adjectives?
   기본 형용사를 사용해서 묻고 답할 수 있어요?

2. Can you describe things?
   물건이 어떤지 말할 수 있어요?

어휘와 표현 —— 방향과 이동

05

문법 —— 의문사, (으)로

Do you know where Sejong Restaurant is?

세종식당이 어디에 있어요?

Let's ask for and give directions.

길을 묻고 답할 수 있어요.

S 1B 5

What is this place?
What is near the City Hall?

여기는 어디예요?
서울시청 근처에 뭐가 있어요?

What is near
the King Sejong Institute?

세종학당 근처에는 뭐가 있어요?

방향과 이동

1. How do you give directions? Listen and repeat.

다음을 어떻게 말해요? 듣고 따라 해 보세요. 01

☐ 올라가요

☐ 내려가요

☐ 나가요

☐ 들어가요

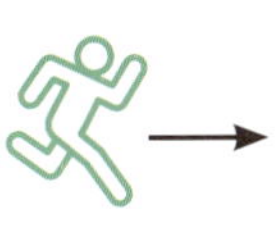
☐ 똑바로 가요

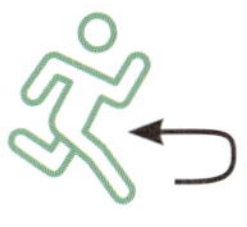
☐ 돌아가요

☐ 건너가요

☐ 지나요

2. Look at the signs and match each sign with the appropriate expression.

그림을 보고 알맞은 것을 연결해 보세요.

1)  • • 주차장이 건물 뒤에 있어요. 돌아가세요.

2)  • • 식당이 지하에 있어요. 내려가세요.

3)  • • 편의점이 밖에 있어요. 나가세요.

4)  • • 교실이 2층에 있어요. 올라가세요.

3. Complete the conversations as follows. 다음과 같이 대화를 완성해 보세요.

은행이 어디에 있어요?

2층에 있어요. 올라가세요.

1) 가: 마트가 어디에 있어요?
   나: 저 앞에 있어요. ______________.

2) 가: 옷 가게가 1층에 있어요?
   나: 아니요. 3층에 있어요. ______________.

3) 가: 화장실이 어디에 있어요?
   나: 지하에 있어요. ______________.

4) 가: 여기가 세종학당 사무실이에요?
   나: 네. 맞아요. ______________.

새 어휘 | 방향 / 이동 / 주차장 / 건물 / 화장실

문법 1

의문사

Interrogatives such as '누구,' '어디,' '무엇,' '언제,' '얼마,' '어떻게,' '왜,' '몇,' '어떤' are used to ask questions.

가: 어떤 영화를 좋아해요?

나: 저는 무서운 영화를 좋아해요.

가: 스페인어를 어떻게 배웠어요?

나: 집에서 혼자 공부했어요.

1. Complete the conversations as follows.

다음과 같이 대화를 완성해 보세요.

무엇을 좋아해요?

커피를 좋아해요.

1) 가: 오늘 ________________ 를 만나요?
   나: 친구를 만나요.

2) 가: 생일이 ________________ 예요?
   나: 12월 22일이에요.

3) 가: 시간이 ________________ 걸려요?
   나: 1시간쯤 걸려요.

4) 가: ________________ 음식을 좋아해요?
   나: 매운 음식을 좋아해요.

2. Eugene is talking about his hobby. Write the appropriate questions as follows.

유진 씨가 취미를 소개해요. 다음과 같이 알맞은 질문을 만들어 보세요.

취미가 뭐예요?

저는 테니스를 좋아해요.

1) 가: ________________________________ ?
   나: 1년 배웠어요.

2) 가: ________________________________ ?
   나: 일주일에 2번 쳐요.

3) 가: ________________________________ ?
   나: 친구하고 같이 쳐요.

4) 가: ________________________________ ?
   나: 학교 테니스장에서 쳐요.

새 어휘 | 무섭다 / 스페인어 / 걸리다 / 쯤 / 테니스장

문법 2

(으)로

'(으)로' attaches to the end of a noun, indicating a destination or a direction.

1B
5과

가: 교실이 어디에 있어요?

나: 저쪽에 있어요. 저쪽으로 가세요.

가: 주차장이 어디에 있어요?

나: 이 건물 지하에 있어요. 지하로 내려가세요.

1. Look at the picture and complete the conversations.

그림을 보고 대화를 완성해 보세요.

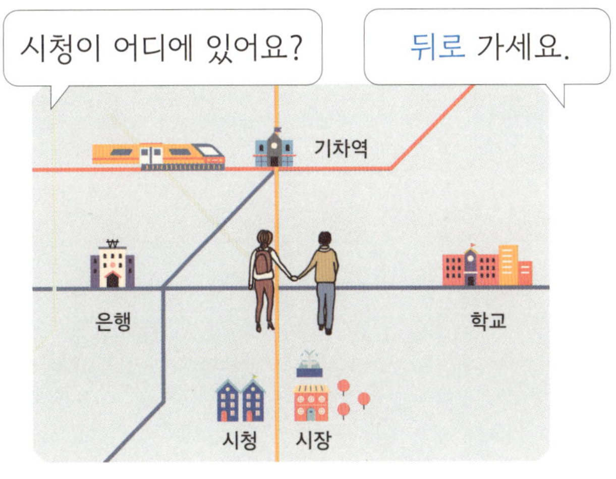

1) 가: 학교가 어디에 있어요?
   나: ________________ 가세요.

2) 가: 은행이 어디에 있어요?
   나: ________________ 가세요.

3) 가: 기차역이 어디에 있어요?
   나: ________________ 똑바로 가세요.

4) 가: 시장이 어디에 있어요?
   나: ________________ 돌아가세요.

2. Look at the picture and talk with a partner. 그림을 보고 친구와 이야기해 보세요.

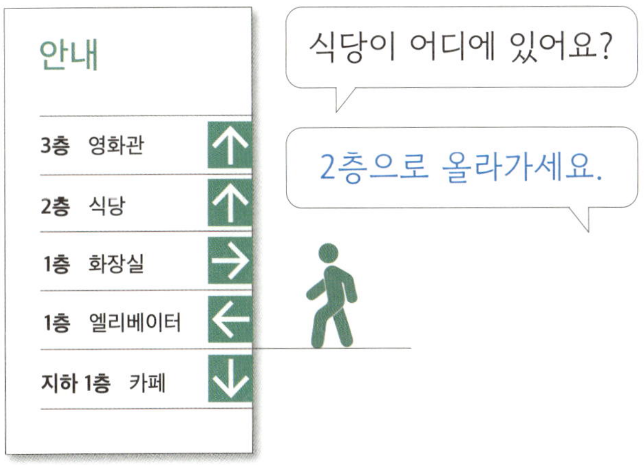

1) 가: 엘리베이터가 어디에 있어요?
   나: ________________.

2) 가: 화장실이 어디에 있어요?
   나: ________________.

3) 가: 카페가 어디에 있어요?
   나: ________________.

4) 가: 영화관이 어디에 있어요?
   나: ________________.

활동 1

세종식당

1. Sujie is asking Jaemin for directions. What do they say?

수지 씨가 재민 씨에게 길을 물어요. 두 사람은 무슨 이야기를 할까요?

02

수지: 재민 씨, 세종식당이 어디에 있어요?

재민: 수지 씨, 한국병원을 알아요?

수지: 네. 알아요.

재민: 한국병원에서 오른쪽으로 똑바로 가세요. 그러면 은행이 있어요. 은행 옆이 세종식당이에요.

수지: 네. 고마워요.

1) 수지 씨는 어디에 가요?

2) 한국병원에서 오른쪽으로 가요. 무엇이 있어요?

2. Talk with a partner as follows. 다음과 같이 친구와 이야기해 보세요.

서울공원이 어디에 있어요?

한국병원을 알아요?

네. 알아요.

한국병원에서 왼쪽으로 가세요.
그러면 서울공원이 있어요.

	장소	건물	방향
1)	서울공원	한국병원	왼쪽
2)	서울영화관	세종은행	오른쪽
3)	제주 마트	누리 카페	앞
4)			

새 어휘 | 병원 / 알다 / 그러면

안나 씨의 집

1. Eugene sent a text message to Anna. What did he say?

유진 씨가 안나 씨에게 메시지를 보냈어요. 무슨 말을 했을까요?

1) 안나 씨 집 옆에 무엇이 있어요?

2) 세종학당에서 안나 씨 집에 가요. 얼마나 걸려요?

2. Look at the map and write directions to get to the house marked in the picture.

지도를 보고 우리 집에 가는 길을 써 보세요.

어휘와 표현

올라가요 / 내려가요 / 나가요 / 들어가요 / 똑바로 가요 / 돌아가요 / 건너가요 / 지나요

문법

의문사

어떤 영화를 좋아해요?

(으)로

저쪽으로 가세요.

자기 점검

1. Can you use vocabulary or expressions related to directions and movement?
   방향과 이동에 관련된 어휘를 말할 수 있어요?

2. Can you ask and answer questions about how to get to a place?
   길을 묻고 답할 수 있어요?

How can I get to Hanguk Art Museum?

한국미술관까지 어떻게 가요?

Let's talk about means of transportation.

교통수단에 대해 말할 수 있어요.

S 1B

6

What means of transportation are there in Korea?

한국에는 어떤 교통수단이 있어요?

How do you get to the King Sejong Institute?

여러분은 세종학당에 어떻게 와요?

교통수단

1. Check (√) the means of transportation you often use. Then listen and repeat.

자주 타는 교통수단에 √ 표시를 해 보세요. 그리고 듣고 따라 해 보세요.

01

□ 자전거

□ 오토바이

□ 택시

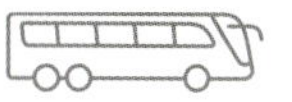
□ 버스

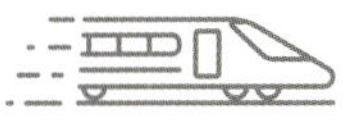
□ 기차

□ 지하철

□ 배

□ 비행기

2. Look at the pictures and match each picture with the appropriate expression. Then listen and repeat.

그림을 보고 알맞은 것을 연결해 보세요. 그리고 듣고 따라 해 보세요.

02

1) 

2) 

3) 

4) 

5) 

걸어서 가요 · 차를 운전해요 · 버스로 갈아타요 · 지하철을 타요 · 택시에서 내려요

3. Look at the pictures and complete the conversations.

그림을 보고 대화를 완성해 보세요.

시청에 어떻게 가요?

버스를 타고 가요.

1) 가: 우체국에 어떻게 가요?
나: ______________ 타고 가요.

2) 가: 백화점에 어떻게 가요?
나: ______________ 타고 가요.

3) 가: 공원에 뭘 타고 가요?
나: ______________ 타고 가요.

4) 가: 집에 버스를 타고 가요?
나: 아니요. ______________.

문법 1

○에서 ○까지

'○에서 ○까지' attaches to the end of a noun, indicating a point of departure and a destination.

가: 여기에서 누리백화점까지 가까워요?
나: 아니요. 조금 멀어요.

가: 집에서 회사까지 얼마나 걸려요?
나: 한 시간쯤 걸려요.

1. Complete the conversations as follows.

다음과 같이 대화를 완성해 보세요.

집 → 학교 | 집에서 학교까지 어떻게 가요? | 버스를 타고 가요.

1) 세종학당 → 집
가: ______________ 어떻게 가요?
나: 지하철을 타고 가요.

2) 버스 정류장 → 서울 호텔
가: ______________ 어떻게 가요?
나: 걸어서 가요.

3) 제주도 → 부산
가: ______________ 어떻게 가요?
나: 배를 타고 가요.

4) 여러분 나라 → 한국
가: ______________ 어떻게 가요?
나: ______________ 타고 가요.

2. How can you get to these places? Talk with a partner as follows.

다음 장소에 어떻게 가요? 다음과 같이 친구와 이야기해 보세요.

여기에서 집까지 어떻게 가요?
버스를 타고 가요.
얼마나 걸려요?
한 시간쯤 걸려요.

1) 집, 버스, 1시간
2) 회사, 자전거, 20분
3) 공원, 오토바이, 10분
4) 학교, 지하철, 30분
5) ______________

새 어휘 | 가깝다 / 멀다 / 정류장 / 호텔

문법
2

-아요/어요

'-아요/어요' is combined with a verb, making suggestions.

가: 공항에 어떻게 갈까요?
나: 제 차를 타고 가요.

가: 저녁에 뭐 먹을까요?
나: 비빔밥을 같이 먹어요.

1. Complete the conversations as follows.

다음과 같이 대화를 완성해 보세요.

주말에 뭐 할까요?

영화를 봐요.

1) 가: 어디에 갈까요?
   나: 카페에 ________________.

2) 가: 몇 시에 만날까요?
   나: 3시에 ________________.

3) 가: 간식은 뭘 살까요?
   나: 과자하고 주스를 ________________.

4) 가: 저녁에 같이 떡볶이를 만들까요?
   나: 네. 매운 떡볶이를 ________________.

2. Look at the pictures and complete the conversations.

그림을 보고 대화를 완성해 보세요.

배가 고파요.

그럼 같이 피자를 먹어요.

1) 
   가: 저는 게임을 좋아해요.
   나: 그럼 같이 ________________.

2) 
   가: 저는 차를 싫어해요.
   나: 그럼 같이 ________________.

3) 
   가: 산책하고 싶어요.
   나: 그럼 같이 ________________.

4) 

   가: 늦었어요.
   나: 그럼 같이 ________________.

새 어휘 | 공항 / 차 / 간식 / 배 / 고프다 / 싫어하다 / 늦다

활동 1

한국미술관

1. Eugene and Anna are going to Hanguk Art Museum. What are they talking about?

03

유진 씨와 안나 씨가 한국미술관에 가요. 두 사람은 무슨 이야기를 할까요?

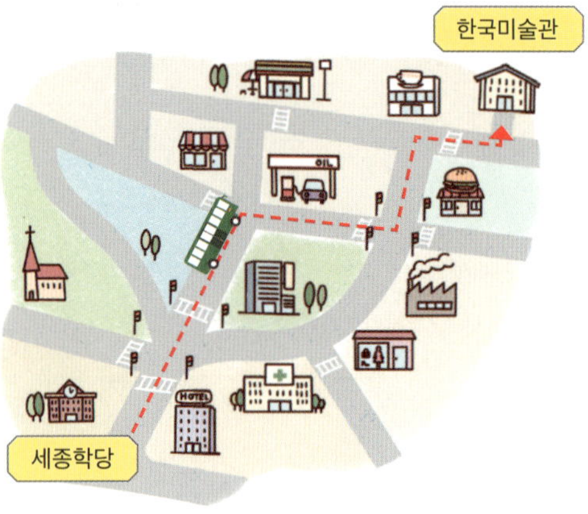

유진: 안나 씨, 오늘 오후에 한국미술관에 갈까요?

안나: 네. 좋아요. 같이 가요.
그런데 한국미술관이 어디에 있어요?

유진: 세종학당에서 조금 멀어요. 시청 옆에 있어요.

안나: 그럼 한국미술관까지 어떻게 가요?

유진: 8번 버스를 타고 가요. 삼십 분쯤 걸려요.

1) 두 사람은 한국미술관에 어떻게 가요?

2) 한국미술관까지 얼마나 걸려요?

2. Talk with a partner as follows. 다음과 같이 친구와 이야기해 보세요.

서울공원에 같이 갈까요?

좋아요. 서울공원까지 어떻게 가요?

여기에서 자전거를 타고 가요.

얼마나 걸려요?

이십 분쯤 걸려요.

	장소	교통수단	시간
1)	서울공원	자전거	20분
2)	세종백화점	지하철	10분
3)	제주도	비행기	1시간
4)			

발음

세종학당
[세종학땅]

When final consonant sounds such as [ㄱ], [ㄷ], and [ㅂ] are followed by [ㄷ] or [ㅂ], 'ㄷ' is pronounced as [ㄸ], and 'ㅂ' as [ㅃ].

Listen and repeat.

- **깍두기** 좀 더 주세요.
- **10분쯤** 걸려요.

활동 2

자주 타는 교통수단

1. This is a text about the means of transportation Mari often uses. What means of transportation does she use? 마리 씨가 자주 이용하는 교통수단에 대해 쓴 글이에요. 마리 씨는 무엇을 탈까요?

저는 보통 회사에 자전거를 타고 가요. 집에서 회사까지 가까워요. 그런데 어제는 비가 많이 와서 택시를 타고 갔어요. 세종학당은 집에서 조금 멀어요. 그래서 세종학당까지 버스를 타고 가요. 버스를 한 번 갈아타요. 세종학당까지 이십 분쯤 걸려요.

1) 마리 씨는 어제 회사에 무엇을 타고 갔어요?

2) 마리 씨는 세종학당에 어떻게 가요?

2. Write about the means of transportation you often use.
여러분이 자주 이용하는 교통수단에 대해 써 보세요.

어디에 가요? | 무엇을 타요? | 얼마나 걸려요?

어휘와 표현

자전거 / 오토바이 / 택시 / 버스 / 기차 /
지하철 / 배 / 비행기 /
걸어서 가요 / 운전해요 / 갈아타요 /
타요 / 내려요

문법

○에서 ○까지, ○부터 ○까지
여기에서 누리백화점까지 가까워요?

-아요/어요
비빔밥을 같이 먹어요.

자기 점검

1. Can you ask and answer questions about means of transportation?
   이동 방법에 대해 묻고 답할 수 있어요?

2. Can you talk about the means of transportations you often use?
   자주 타는 교통수단에 대해 말할 수 있어요?

I'm planning to go to Jeju Island

제주도에 가려고 해요

Let's talk about travel plans.

여행 계획을 말할 수 있어요.

S 1B 7

Do you know
any famous tourist attractions
in Korea?
여러분은 한국의 유명한
관광지를 알아요?

What would you like
to do in Korea?
여러분은 한국에서 무엇을 하고 싶어요?

여행 계획

1. Where do you want to travel? What do you need to prepare?
Check (√) the places and the things that apply to you. Then listen and repeat. 01
어디로 여행을 가고 싶어요? 무엇을 준비해요? √ 표시를 해 보세요. 그리고 듣고 따라 해 보세요.

☐ 산 ☐ 섬 ☐ 바다 ☐ 도시 ☐ 호수

☐ 돈 ☐ 약 ☐ 여권 ☐ 모자 ☐ 우산 ☐ 운동화 ☐ 수영복 ☐ 화장품

2. What do you want to do on your trip?
Check (√) what you want to do. Then listen and repeat. 02
여행에서 무엇을 하고 싶어요? √ 표시를 해 보세요. 그리고 듣고 따라 해 보세요.

☐ 구경을 해요

☐ 등산을 해요

☐ 배를 타요

☐ 파티를 해요

☐ 낚시를 해요

☐ 선물을 사요

☐ 맛집에 가요

☐ 호텔에서 쉬어요

3. Talk with a partner as follows. 다음과 같이 친구와 이야기해 보세요.

어디로 여행을 가요?

제주도로 갈 거예요.

제주도에서 뭐 할 거예요?

바다 구경을 할 거예요.

1)	제주도	바다 구경을 하다
2)	부산	낚시를 하다
3)	서울	맛집에 가다
4)	경주	박물관에 가다

새 어휘 | 경주

문법 1

-(으)려고 하다

'-(으)려고 하다' is combined with a verb, indicating a plan or an intention.

가: 오늘 저녁에는 뭘 먹어요?

나: 닭갈비를 먹으려고 해요.

가: 재민 씨, 이번 휴가에 뭐 할 거예요?

나: 여행을 가려고 해요.

1. Complete the conversations as follows. 다음과 같이 대화를 완성해 보세요.

오늘 오후에 뭐 할 거예요?

도서관에 가려고 해요.

(도서관에 가다)

1) 가: 내일 어디에 갈 거예요?
   나: ______________. (한라산에 올라가다)

2) 가: 주말에 뭐 할 거예요?
   나: ______________. (청소를 하다)

3) 가: 방학에 뭐 할 거예요?
   나: ______________. (책을 많이 읽다)

4) 가: 무슨 음식을 만들 거예요?
   나: ______________. (비빔밥을 만들다)

2. Match the expressions related to each other and talk with a partner.

알맞은 것을 연결하고 다음과 같이 친구와 이야기해 보세요.

어디 가요?

편의점에 가요.

우유가 없어서 우유를 사려고 해요.

1) 편의점에 가다 •	• 오늘 날씨가 좋다 •	• 생일 파티를 하다
2) 공원에 가다 •	• 우유가 없다 •	• 머리를 자르다
3) 친구 집에 가다 •	• 머리가 길다 •	• 우유를 사다
4) 미용실에 가다 •	• 친구 생일이다 •	• 자전거를 타다

새 어휘 | 닭갈비 / 휴가 / 자르다

-고

'-고' is combined with a verb or an adjective to list two or more facts or statements.

가: 이 식당은 어때요?
나: 음식이 맛있고 싸요.

가: 제주도에서 뭐 할 거예요?
나: 등산을 하고 낚시도 할 거예요.

1. Complete the conversations as follows. 다음과 같이 대화를 완성해 보세요.

춥다 | 눈도 오다

서울은 날씨가 어때요?

춥고 눈도 와요.

1) 친구를 만나다 / 청소도 하다
가: 주말에 뭐 할 거예요?
나: ....

2) 바다가 아름답다 / 음식도 맛있다
가: 제주도는 어때요?
나: ....

3) 한국어 공부를 하다 / 아르바이트도 하다
가: 요즘 안나 씨는 많이 바빠요?
나: 네. ....

4) 텔레비전을 보다 / 책도 읽다
가: 저녁에 보통 뭐 해요?
나: ....

2. What are these two people doing? Look at the pictures and talk with a partner.

두 사람은 무엇을 해요? 그림을 보고 친구와 이야기해 보세요.

두 사람은 지금 뭐 해요?

수지는 자고 마리는 음악을 들어요.

1)   두 사람은 지금 뭐 해요? ....

2)   두 사람은 어제 뭐 했어요? ....

3)    여러분은 오늘 뭐 할 거예요? ....

활동 1

마리 씨의 휴가 계획

1. Jaemin and Mari are talking about Mari's vacation plan. What do they say?

재민 씨와 마리 씨가 휴가 이야기를 하고 있어요. 두 사람은 무슨 이야기를 할까요?

03

재민: 마리 씨, 이번 휴가에 뭐 할 거예요?

마리: 여행을 가려고 해요.

재민: 어디로 여행을 가요?

마리: 제주도에 가려고 해요.

재민: 한라산에도 갈 거예요?

마리: 네. 한라산에도 가고 바다에도 갈 거예요.

1) 마리 씨는 휴가에 어디에 가려고 해요?

2) 마리 씨는 거기에서 무엇을 할 거예요?

2. What are you going to do on vacation? Talk with a partner as follows.

휴가에 무엇을 할 거예요? 다음과 같이 친구와 이야기해 보세요.

마리 씨, 이번 휴가에 뭐 할 거예요?

부산에 가려고 해요.

부산에서 뭐 할 거예요?

바다에도 가고 맛집에도 갈 거예요.

	여행 장소	하고 싶은 것
1)	부산	바다에 가다 맛집에 가다
2)	경주	불국사에 가다 박물관에 가다
3)	서울	쇼핑을 하다 콘서트를 보러 가다
4)		

새 어휘 | 불국사

활동 2

주노 씨의 여행 계획

1. Juno wrote about his travel plan. Let's find out what his travel plan is.
주노 씨가 여행 계획을 썼어요. 주노 씨의 여행 계획을 알아볼까요?

저는 이번 휴가에 친구들하고 설악산으로 여행을 가요. 설악산 옆에는 바다도 있어요. 등산을 하고 바다에서 수영도 할 거예요. 밤에는 호텔에서 친구들과 파티도 하려고 해요. 그래서 저는 등산화하고 수영복을 샀어요. 선글라스도 샀어요. 빨리 설악산 여행을 가고 싶어요.

1) 주노 씨는 어디로 여행을 갈 거예요?

2) 주노 씨는 무엇을 샀어요?

2. Write about your travel plan. 여러분의 여행을 써 보세요.

어디에 가요?

뭘 하려고 해요?

뭘 준비해요?

새 어휘 | 설악산 / 밤 / 등산화 / 선글라스 / 빨리 / 준비하다

어휘와 표현

산 / 섬 / 바다 / 도시 / 호수 / 돈 / 약 / 여권 / 모자 / 우산 / 운동화 / 수영복 / 화장품 /
구경을 해요 / 등산을 해요 / 배를 타요 / 파티를 해요 / 낚시를 해요 / 선물을 사요 / 맛집에 가요 / 호텔에서 쉬어요

문법

-(으)려고 하다
닭갈비를 먹으려고 해요.

-고
등산을 하고 낚시도 할 거예요.

자기 점검

1. Can you talk about your travel destination and what you need to prepare?
   여행지와 여행 준비물을 말할 수 있어요?

2. Can you ask and answer questions about travel plans?
   여행 계획을 묻고 답할 수 있어요?

08

It was better than the last trip

지난번 여행보다 좋았어요

Let's talk about our travel experiences.

여행 경험을 말할 수 있어요.

S 1B 8

What are these people doing at their travel destinations?
이 사람들은 여행지에서 무엇을 해요?

How would you like to spend your time at your travel destination?
여러분은 여행지에서 무엇을 하고 싶어요?

어휘와 표현

여행 경험

1. What did you do during your trip? Check (√) what you did. Then listen and repeat.

여행에서 무엇을 했어요? √ 표시를 해 보세요. 그리고 듣고 따라 해 보세요.

01

☐ 거리 구경을 해요

☐ 축제에 가요

☐ 전통 시장에 가요

☐ 새로운 음식을 먹어요

☐ 박물관에 가요

☐ 공연을 봐요

2. A trip to Korea offers unique experiences. Match the appropriate expressions. Then listen and repeat.

한국 여행에서는 특별한 경험을 할 수 있어요. 알맞은 것을 연결하고 듣고 따라 해 보세요.

02

1) 

2) 

3) 

4) 

삼계탕을 먹어요

케이팝(K-POP) 콘서트에 가요

한복을 입어요

영화 축제에 가요

3. What did you do at your travel destination? How was it? Talk with a partner as follows.

여행지에서 무엇을 했어요? 거기는 어땠어요? 다음과 같이 친구와 이야기해 보세요.

안나 씨, 어디에 갔어요?

명동에 갔어요.

어땠어요?

화장품 가게가 정말 많았어요.

1)	명동	화장품 가게가 정말 많다
2)	인사동	한국 전통 음식이 맛있다
3)	설악산	눈이 많이 오다
4)	케이팝(K-POP) 콘서트	한국 가수들이 아주 멋있다

새 어휘 | 경험 / 명동 / 인사동 / 멋있다

문법 1

-(으)ㄴ 후에

'-(으)ㄴ 후에' is combined with a verb, indicating that the former action occurred before the latter action.

가: 약을 언제 먹어요?
나: 밥을 먹은 후에 먹어요.

가: 가수하고 사진을 찍었어요?
나: 네. 콘서트가 끝난 후에 같이 사진을 찍었어요.

1. Complete the conversations as follows.

다음과 같이 문장을 완성해 보세요.

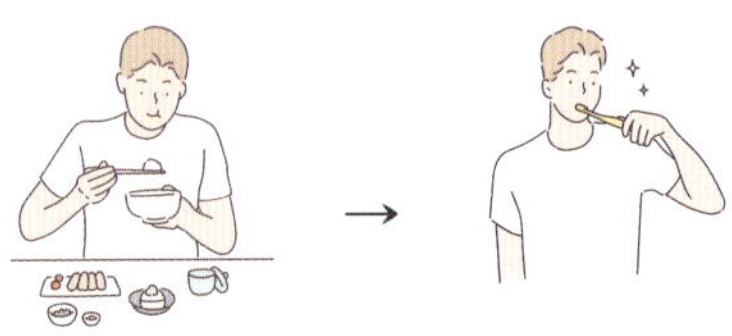

밥을 먹은 후에 이를 닦아요.

1) 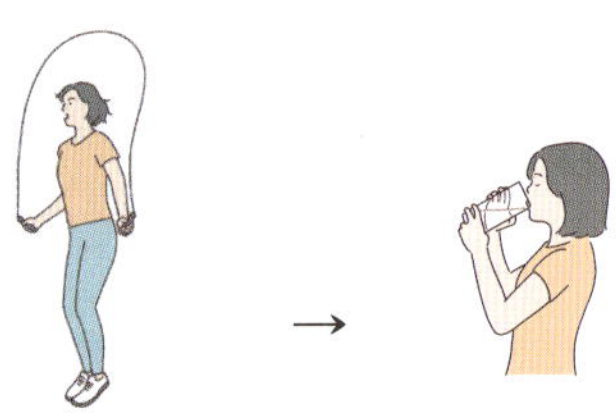

....

2) 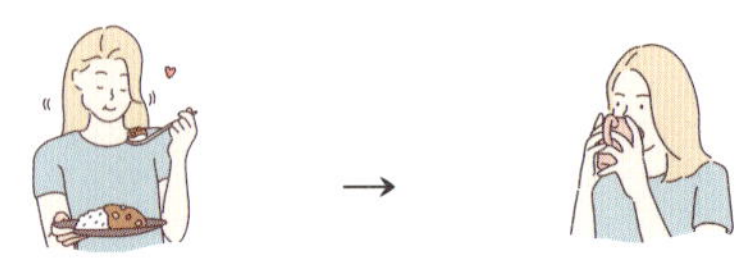

....

3) 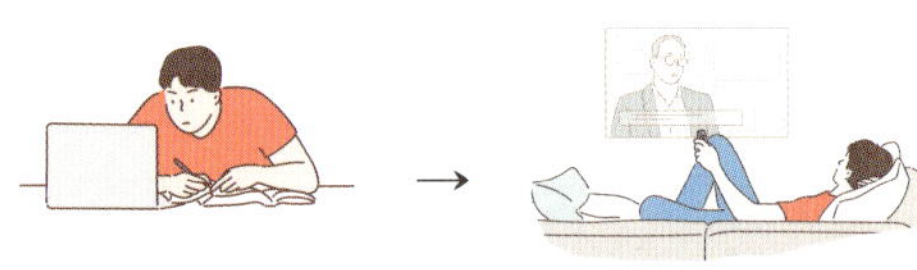

....

4) 

....

2. Choose the expressions and talk with a partner as follows.

알맞은 것을 골라서 다음과 같이 친구와 이야기해 보세요.

지금 뭐 해요?

저녁을 먹어요.

저녁을 먹은 후에 뭐 할 거예요?

설거지를 할 거예요.

저녁을 먹다 → 설거지를 하다 → 게임하다 → 책을 읽다 → 샤워하다 → 자다

새 어휘 | 끝나다 / 이 / 닦다 / 설거지 / 샤워하다

문법 2

보다

'보다' attaches to the end of a noun, indicating that the noun combined with '보다' is a basis of comparison.

1B / 8과

가: 여름 여행이 좋아요? 겨울 여행이 좋아요?
나: 저는 겨울 여행보다 여름 여행이 좋아요.

가: 뭐가 더 비싸요?
나: 수박이 딸기보다 비싸요.

1. Complete the conversations as follows.

다음과 같이 대화를 완성해 보세요.

5,000원 2,000원

뭐가 더 싸요?

사과보다 귤이 더 싸요.

1) 축구 / 수영
가: 무슨 운동을 더 좋아해요?
나: ______________________.

2) 한라산(1,950m) / 설악산(1,708m)
가: 한라산이 높아요? 설악산이 높아요?
나: ______________________.

3) 버스 / 지하철
가: 지하철이 편해요? 버스가 편해요?
나: ______________________.

4) 삼계탕 / 불고기
가: 뭐가 더 맛있어요?
나: ______________________.

2. Which do you prefer? Talk with a partner as follows.

여러분은 무엇을 더 좋아해요? 다음과 같이 친구와 이야기해 보세요.

무슨 과일을 더 좋아해요?

포도보다 딸기를 더 좋아해요.

		과일	운동	계절	요일
1)	안나	포도 < 딸기	수영 ☐ ______	봄 ☐ ______	월요일 ☐ ______
2)					
3)					

새 어휘 | 더 / 귤

활동 1

부산 여행

1. Jaemin and Mari are talking about traveling. What do they say?

재민 씨와 마리 씨가 여행에 대해 이야기해요. 두 사람은 무슨 이야기를 할까요?

03

재민: 마리 씨, 부산 여행 잘 다녀왔어요?
이번 여행은 어땠어요?

마리: 지난번 여행보다 좋았어요.
특히 영화 축제가 재미있었어요.

재민: 아, 그래요? 날씨는 괜찮았어요?

마리: 네. 그래서 저녁을 먹은 후에
매일 바닷가에서 산책했어요.

1) 마리 씨는 어디로 여행을 갔어요?

2) 마리 씨의 이번 여행은 어땠어요?

2. How was your recent trip? Talk with a partner as follows.

이번 여행은 어땠어요? 다음과 같이 친구와 이야기해 보세요.

이번 여행은 어땠어요?

지난번 여행보다 좋았어요.

뭐가 더 좋았어요?

호텔이 아주 좋았어요. 그래서 저녁을 먹은 후에 호텔에서 푹 쉬었어요.

	뭐가 좋았어요?	뭘 했어요?
1)	호텔이 아주 좋다	저녁을 먹다, 호텔에서 푹 쉬다
2)	유명한 맛집을 찾다	바다에서 수영을 하다, 맛있는 음식을 먹다
3)	축제가 재미있다	축제를 끝까지 보다, 사진을 많이 찍다
4)		

발음

괜찮았어요
[괜찬았어요]
↓
[괜차나써요]

A double final consonant is a combination of two consonants. The double final consonant 'ㄶ' is pronounced as [ㄴ] at the end of a syllable or in the front of a vowel.

Listen and repeat.

- 가게가 정말 **많았어요**.
- 날씨는 **괜찮아요**.

새 어휘 | 다녀오다 / 지난번 / 괜찮다 / 바닷가 / 푹 / 유명하다 / 끝

활동 2

서울 여행

1. Anna wrote about her travel experiences in Seoul. How was her trip?

안나 씨가 서울 여행 경험을 썼어요. 안나 씨의 서울 여행은 어땠을까요?

저는 작년에 친구하고 같이 서울에 갔습니다. 우리는 먼저 경복궁에 갔습니다. 경복궁을 구경하고 사진도 많이 찍었습니다. 경복궁에는 한국 사람보다 외국 사람이 더 많았습니다. 다음 날에는 한강에 갔습니다. 자전거를 탄 후에 산책도 하고 편의점에서 라면도 먹었습니다. 아주 맛있었습니다. 서울 여행은 참 재미있었습니다. 저는 서울에 다시 가고 싶습니다.

1) 안나 씨는 어디를 구경했어요? 어땠어요?

2) 안나 씨는 한강에서 무엇을 했어요?

2. Write about your travel experiences. 여러분의 여행 경험을 써 보세요.

언제 갔어요? | 누구하고 갔어요? | 뭘 했어요? | 어땠어요?

어휘와 표현

거리 구경을 해요 / 축제에 가요 /
전통 시장에 가요 / 새로운 음식을 먹어요 /
박물관에 가요 / 공연을 봐요 /
삼계탕을 먹어요 /
케이팝(K-POP) 콘서트에 가요 /
한복을 입어요 / 영화 축제에 가요

문법

-(으)ㄴ 후에
밥을 먹은 후에 약을 먹어요.

보다
수박이 딸기보다 비싸요.

자기 점검

1. Can you talk about your travel experiences?
여행 경험을 말할 수 있어요?

2. Can you compare two different things?
두 대상을 비교해서 말할 수 있어요?

You need to take plenty of rest at home

집에서 푹 쉬어야 돼요

Let's talk about symptoms of sickness and give advice.

증상을 설명하고 조언을 할 수 있어요.

S 1B

9

How are these people
doing right now?

이 사람들은 지금 어때요?

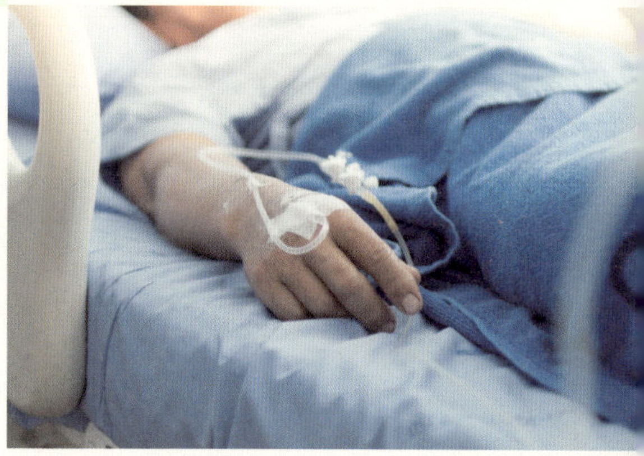

What do you do
when you are sick?

여러분은 아프면 어떻게 해요?

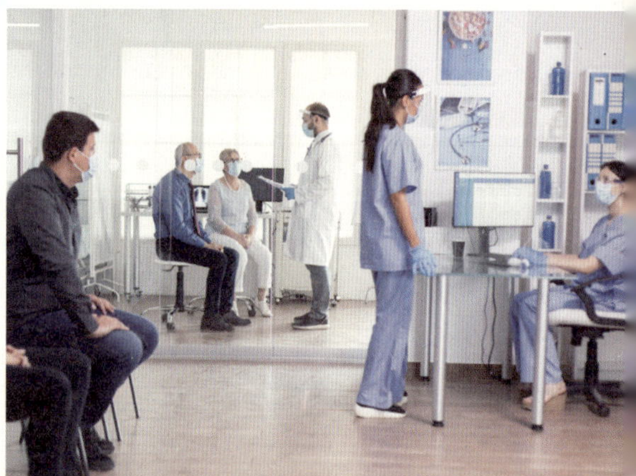

신체와 증상

1. Where does it hurt? Check (√) the words. Then listen and repeat.

01

어디가 아파요? √ 표시를 해 보세요.
그리고 듣고 따라 해 보세요.

☐ 눈 ☐ 귀 ☐ 코 ☐ 입 ☐ 이

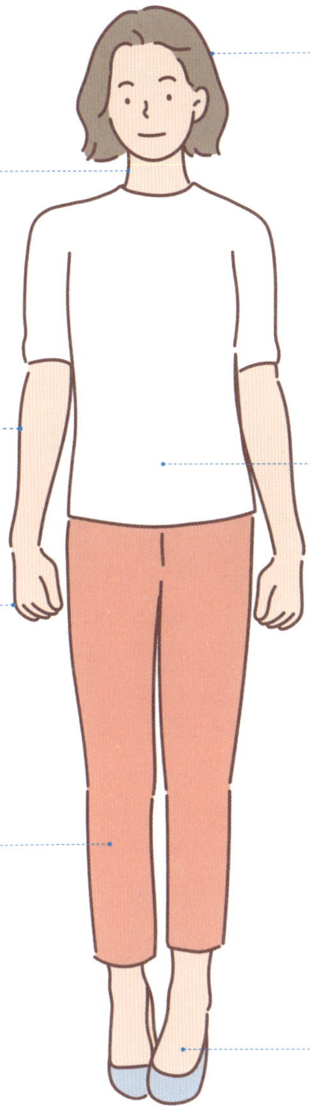

2. What happens when you have a cold? Match the appropriate expressions. Then listen and repeat.

02

감기에 걸리면 어떻게 아파요?
알맞은 것을 연결하고 듣고 따라 해 보세요.

1)  • • 목이 아파요

2)  • • 열이 나요

3)  • • 콧물이 나요

4)  • • 기침을 해요

5)  • • 머리가 아파요

3. Talk with a partner as follows.

다음과 같이 친구와 이야기해 보세요.

재민 씨, 어디가 아파요?

네. 감기에 걸렸어요.
목이 아프고 기침을 해요.

1)	목이 아프다	기침을 하다
2)	콧물이 나다	열이 나다
3)	열이 나다	기침을 하다
4)		

새 어휘 | 신체 / 증상 / 감기 / 걸리다

문법 1

-지만

'-지만' is combined with a verb or an adjective, indicating that the following action or description is contrary to the preceding one.

가: 재민 씨는 생선을 좋아해요?

나: 네. 고기는 안 좋아하지만 생선은 좋아해요.

가: 안나 씨, 오늘은 몸이 어때요?

나: 어제는 많이 아팠지만 오늘은 괜찮아요.

1. Complete the conversations as follows.

다음과 같이 대화를 완성해 보세요.

김치 맛이 어때요?

맵지만 맛있어요.

(맵다, 맛있다)

1) 가: 새 신발이 어때요?
   나: .... (예쁘다, 불편하다)

2) 가: 이 식당 음식이 어때요?
   나: .... (맛있다, 좀 비싸다)

3) 가: 일요일에 세종학당에 가요?
   나: 아니요. ....
   (토요일에는 가다, 일요일에는 안 가다)

4) 가: 지금도 길이 복잡해요?
   나: 아니요. ....
   (아까는 복잡하다, 지금은 안 복잡하다)

2. Complete the conversations as follows.

다음과 같이 대화를 완성해 보세요.

테니스가 어때요?

힘들지만 재미있어요.

1)	테니스	힘들다, 재미있다
2)	모자	멋있다, 비싸다
3)	지난번 여행	날씨가 너무 덥다, 좋다
4)		

새 어휘 | 몸 / 새 / 복잡하다 / 아까 / 힘들다

문법 2

-아야/어야 되다

'-아야/어야 되다' is combined with a verb or an adjective, indicating that something must be done or in a certain condition.

가: 열이 많이 나요.
나: 빨리 병원에 가**야 돼요**.

가: 뭘 더 준비**해야 돼요**?
나: 음료수가 있**어야 돼요**.

1. Complete the conversations as follows.

다음과 같이 대화를 완성해 보세요.

수지 씨, 재민 씨 생일 선물을 샀어요?

아니요. **오늘 사야 돼요**.

(오늘 사다)

1) 가: 숙제 다 했어요?
   나: 아니요. 지금부터 ____________. (단어를 외우다)

2) 가: 여기에서 우체국까지 가까워요?
   나: 아니요. 멀어서 ____________. (버스를 타고 가다)

3) 가: 오늘 날씨가 추워요?
   나: 네. ____________. (옷을 많이 입다)

4) 가: 토요일에 뭐 해요?
   나: ____________. (아르바이트를 하다)

2. Eugene is sick right now. Look at the pictures and talk with a partner about what Eugene should do.

유진 씨는 지금 아파요. 유진 씨가 무엇을 해야 하는지 그림을 보고 다음과 같이 친구와 이야기해 보세요.

유진 씨는 **약을 먹어야 돼요**.

1) 유진 씨는 ____________.

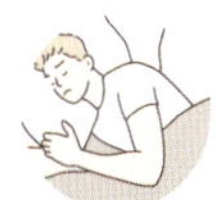

2) 유진 씨는 ____________.

3) 유진 씨는 ____________.

새 어휘 | 숙제 / 단어 / 외우다

활동 1

안나 씨의 감기

1. Anna is very sick right now. What are Juno and Anna talking about?

안나 씨가 지금 많이 아파요. 주노 씨와 안나 씨는 무슨 이야기를 할까요?

03

주노: 안나 씨, 어디가 아파요?

안나: 네. 열이 나고 목도 아파요.

주노: 약은 먹었어요?

안나: 네. 약을 먹었지만 아직 좀 아파요.

주노: 안나 씨, 집에서 푹 쉬어야 돼요.
그리고 따뜻한 물도 자주 드세요.

안나: 네. 고마워요.

1) 안나 씨는 어디가 아파요?

2) 안나 씨는 어떻게 해야 돼요?

2. Talk with a partner as follows.

다음과 같이 친구와 이야기해 보세요.

안나 씨, 어디가 아파요?

네. 머리도 아프고 배도 아파요.
약을 먹었지만 계속 아파요.

약을 잘 먹고 푹 쉬어야 돼요.

네. 고마워요.

1)	머리가 아프다	배가 아프다
2)	열이 나다	기침을 하다
3)	목이 아프다	콧물이 나다
4)		

새 어휘 | 드시다 / 계속

활동 2

유진 씨의 눈

1. This is Eugene's writing. What happened to him?
유진 씨가 쓴 글이에요. 유진 씨는 어디가 아플까요?

저는 컴퓨터 게임을 좋아해요. 보통 밤에 게임을 많이 해요. 그런데 어제부터 눈이 많이 아파서 병원에 갔어요. 의사 선생님을 만난 후에 약국에서 약을 샀어요. 하루에 두 번 약을 눈에 넣어야 돼요. 오늘은 눈이 많이 안 아프지만 내일 다시 병원에 가야 돼요. 이제부터 컴퓨터 게임을 많이 안 할 거예요.

1) 유진 씨는 왜 병원에 갔어요?

2) 유진 씨는 내일 무엇을 해야 돼요?

2. Have you ever been sick? How did you feel? Write about it.
여러분은 언제, 어떻게 아팠어요? 써 보세요.

언제 아팠어요? → 어디가 어떻게 아팠어요? → 어떻게 했어요?

새 어휘 | 넣다 / 이제

어휘와 표현

눈 / 귀 / 코 / 입 / 이 / 머리 / 목 / 팔 /
배 / 손 / 다리 / 발 /
목이 아파요 / 열이 나요 / 콧물이 나요 /
기침을 해요 / 머리가 아파요 /

문법

-지만
저는 고기는 안 좋아하지만
생선은 좋아해요.

-아야/어야 되다
빨리 병원에 가야 돼요.

자기 점검

1. **Can you explain your physical conditions and symptoms?**
   자신의 신체와 증상에 대해 말할 수 있어요?

2. **Can you give advice to a sick person?**
   아픈 사람에게 조언해 줄 수 있어요?

I go swimming before school

학교에 가기 전에 수영을 해요

Let's talk about a healthy lifestyle.

건강한 생활에 대해 말할 수 있어요.

S 1B

10

What are these people doing?

이 사람들은 무엇을 해요?

What do you do for your health?

여러분은 건강을 위해 무엇을 해요?

건강한 생활

1. Check (√) what you usually do. Then listen and repeat.

평소에 하고 있는 것에 √ 표시를 해 보세요. 그리고 듣고 따라 해 보세요.

01

☐ 일찍 일어나요

☐ 아침을 꼭 먹어요

☐ 매일 운동해요

☐ 물을 자주 마셔요

☐ 채소와 과일을 많이 먹어요

☐ 많이 걸어요

☐ 자주 웃어요

☐ 식사 시간을 잘 지켜요

☐ 잠을 잘 자요

2. Choose the appropriate words and fill in the blanks.

알맞은 것을 골라 빈칸에 써 보세요.

꼭	가끔	아주	일찍	자주

- 저는 아침에 1)(   ) 일어나요. 그리고 물 한 잔을 마셔요. 저는 아침을 2)(   ) 먹어요.
- 매일 우유하고 빵, 과일을 먹어요. 그리고 저는 운동을 좋아해서 운동을 3)(   ) 해요.
- 일주일에 다섯 번쯤 해요. 퇴근 후에 헬스클럽에 가요. 그리고 4)(   ) 집에서 요가도 해요.
- 주말에는 공원에서 자전거를 타요. 한 시간쯤 타요. 그러면 기분이 5)(   ) 좋아요.

3. Talk with a partner as follows. 다음과 같이 친구와 이야기해 보세요.

안나 씨는 일찍 일어나요?

네. 저는 일찍 일어나요.
/ 아니요. 저는 늦게 일어나요.

1)	일찍 일어나다	늦게 일어나다
2)	채소를 많이 먹다	채소를 잘 안 먹다
3)	밤에 잠을 잘 자다	밤에 잠을 잘 못 자다
4)		

새 어휘 | 건강하다 / 생활 / 퇴근 / 요가

문법 1

-기 전에

'-기 전에' is combined with a verb, indicating that the latter action occurred before the former action.

가: 저녁을 먹기 전에 보통 뭘 해요?
나: 한국어 숙제를 해요.

가: 대학교를 졸업하기 전에 뭘 하고 싶어요?
나: 친구들하고 여행을 가고 싶어요.

1. Look at the pictures and complete the conversations.

그림을 보고 대화를 완성해 보세요.

영화를 보기 전에 팝콘을 살까요?

네. 좋아요.

1) 

가: 저녁을 ______________ 쇼핑을 할까요?
나: 네. 좋아요.

2) 

가: 수영을 ______________ 준비 운동을 했어요?
나: 그럼요.

3) 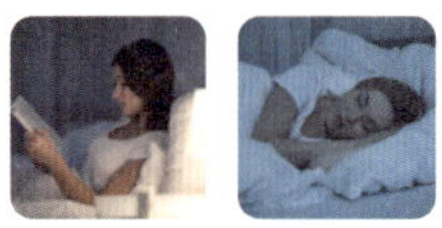

가: ______________ 보통 뭘 해요?
나: 보통 책을 읽어요.

4) 

가: 다음 주에 고향에 돌아가요?
나: 네. 고향에 ______________
______________ 같이 식사해요.

2. What or how do you prepare before these events? Talk with a partner as follows.

다음 일을 하기 전에 무엇을 준비해요? 다음과 같이 친구와 이야기해 보세요.

해외여행을 가기 전에 뭘 준비해요?

해외여행을 가기 전에 여권을 만들어요.

1)	해외여행	여권을 만들다
2)	친구 생일 파티	꽃을 사다
3)	결혼식	친구를 초대하다
4)		

새 어휘 | 대학교 / 졸업하다 / 팝콘 / 해외여행 / 초대하다

문법 2

-아서/어서

'-아서/어서' is combined with a verb, indicating the order of actions.

가: 오늘 오후에 뭐 할 거예요?
나: 공원에 가서 산책을 할 거예요.

가: 점심에 뭐 먹었어요?
나: 김밥을 만들어서 먹었어요.

1. Complete the conversations as follows. 다음과 같이 문장을 완성해 보세요.

학교에 가다 | 수업을 듣다

학교에 가서 수업을 들어요.

1)  친구를 만나다 | 같이 영화를 보다

....

2)  일찍 일어나다 | 운동을 하러 가다

....

3)  샐러드를 만들다 | 친구하고 먹다

....

4)  친구를 초대하다 | 생일 파티를 하다

....

2. Talk with a partner as follows. 다음과 같이 친구와 이야기해 보세요.

친구를 만나서 뭐 할 거예요?

친구를 만나서 한국 식당에 갈 거예요.

	질문	나	
1)	친구를 만나서 뭐 할 거예요?	한국 식당	
2)	카페에 가서 보통 뭘 해요?		
3)	한국어를 배워서 뭘 하고 싶어요?		
4)	여행을 가서 뭘 하고 싶어요?		

새 어휘 | 샐러드

활동 1

아침 운동

1. Eugene and Anna run into each other on the street. Where is Anna going in the morning?

02

유진 씨와 안나 씨가 길에서 만났어요. 안나 씨는 아침에 어디에 갈까요?

유진: 안나 씨, 아침 일찍 어디에 가요?

안나: 수영장에 가요. 저는 학교에 가기 전에 수영을 해요.

유진: 보통 몇 시에 수영을 해요?

안나: 여덟 시에 해요.

유진: 그래요? 그럼 아침은 안 먹어요?

안나: 수영을 하고 학교에 가서 아침을 먹어요.

1) 안나 씨는 학교에 가기 전에 무엇을 해요?

2) 안나 씨는 아침을 어디에서 먹어요?

2. Talk with a partner as follows. 다음과 같이 친구와 이야기해 보세요.

재민 씨는 보통 몇 시에 일어나요?

저는 여섯 시에 일어나요.

아침에 일어나서 제일 먼저 뭘 해요?

저는 일어나서 물을 한 잔 마셔요.

	이름	몇 시에 일어나요?	제일 먼저 뭘 해요?
1)	재민	6시	물을 한 잔 마시다
2)	지니	8시 30분	요가를 하다
3)	유진	9시	아침을 먹다
4)			

발음

여덟
[여덜]

The double final consonant 'ㄼ' is pronounced [ㄹ] at the end of a syllable or in front of a consonant. If 'ㄼ' is followed by a vowel, both consonants are pronounced.

Listen and repeat.

- **여덟** 명이에요.
- 방이 **넓어요**.

새 어휘 | 제일

활동 2

건강한 생활 습관

1. This is a text about someone's lifestyle habits. What kind of healthy lifestyle habits does this person have? 어떤 사람이 생활 습관에 대해 쓴 글이에요. 이 사람의 건강한 생활 습관은 무엇일까요?

저는 일찍 자고 일찍 일어나요. 아침에는 공원에 운동을 하러 가요. 그리고 아침 식사를 해요. 아침에 채소와 과일을 많이 먹어요. 점심은 회사 근처 식당에 가서 먹어요. 저녁은 집에서 먹고 자기 전에 요가를 해요. 그리고 10시쯤 잠을 자요.

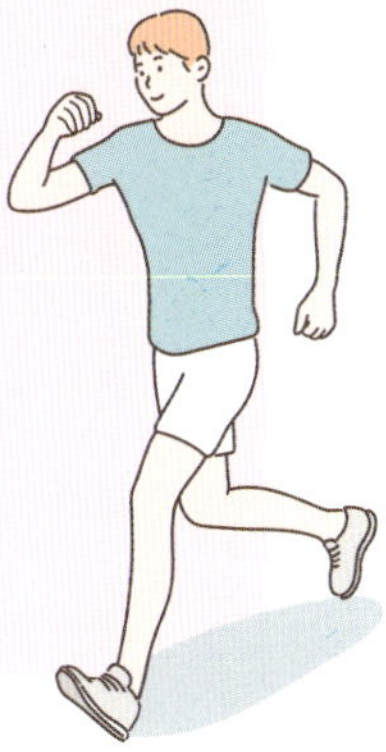

1) 이 사람은 아침에 무엇을 먹어요?

2) 이 사람은 자기 전에 무엇을 해요?

2. Write about your healthy lifestyle habits.
여러분의 건강한 생활 습관에 대해 써 보세요.

몇 시에 일어나고 몇 시에 자요?

어떤 좋은 생활 습관이 있어요?

?

어휘와 표현

일찍 일어나요 / 아침을 꼭 먹어요 /
매일 운동해요 / 물을 자주 마셔요 /
채소와 과일을 많이 먹어요 /
많이 걸어요 / 자주 웃어요 /
식사 시간을 잘 지켜요 / 잠을 잘 자요 /
꼭 / 가끔 / 아주 / 일찍 / 자주

문법

-기 전에
저녁을 먹기 전에 보통 뭘 해요?

-아서/어서
공원에 가서 산책을 할 거예요.

자기 점검

1. Can you ask and answer questions about lifestyle habits?
   생활 습관을 묻고 답할 수 있어요?

2. Can you talk about your lifestyle habits one by one?
   자신의 생활 습관을 순서대로 말할 수 있어요?

Can you make Korean food?

한국 음식을 만들 수 있어요?

Let's suggest a gathering and invite people.

모임을 제안하고 권유할 수 있어요.

S 1B 11

What does this person plan to do on Monday and Tuesday?
이 사람은 월요일과 화요일에 무엇을 해야 해요?

What do you prepare for a gathering?
여러분은 모임을 하기 전에 무엇을 준비해요?

일요일	월요일	화요일	수요일	목요일	금요일	토요일
		1	2	3	4	5
6	7 Booking a venue	8 Contacting friends	9	10	11	12 Class gathering
13	14	15	16	17	18	19
20	21	22	23			
27	28	29	30			

모임 준비

1. You are preparing for a class gathering. Check (√) what you should do. Then listen and repeat.

반 모임을 준비해요. 무엇을 해야 돼요? √ 표시를 해 보세요. 그리고 듣고 따라 해 보세요.

01

☐ 시간을 정해요

☐ 장소를 예약해요

☐ 사람들을 초대해요

☐ 연락을 해요

☐ 음식을 준비해요

☐ 선물을 사요

2. Mari's friends are preparing for her birthday party. Talk as follows.

친구들이 마리 씨의 생일 파티를 준비해요. 다음과 같이 이야기해 보세요.

> 주노 씨는 뭘 할 거예요?
>
> 케이크를 준비할 거예요.

	이름	할 일
1)	주노	케이크 준비
2)	안나	장소 예약
3)	수지	선물 준비
4)	유진	친구들 초대

3. What or how will you prepare for these events? Talk with a partner as follows.

다음 모임을 준비할 때 무엇을 해야 돼요? 다음과 같이 친구와 이야기해 보세요.

> 반 모임을 하고 싶어요.
> 뭘 준비해야 돼요?
>
> 시간을 정하고 장소도
> 정해야 돼요.

	무슨 모임	할 일
1)	반 모임	시간을 정하다, 장소도 정하다
2)	독서 모임	읽고 싶은 책을 정하다, 사람들을 초대하다
3)	여행 모임	여행 장소를 정하다, 호텔을 예약하다
4)		

문법 1

-(으)ㄹ 수 있다, 없다

'-(으)ㄹ 수 있다, 없다' is combined with a verb, indicating ability or possibility. "-(으)ㄹ 수 없다" is used at the end of a verb when someone cannot do something or when something is not possible.

가: 안나 씨, 한국어를 읽을 수 있어요?
나: 네. 읽을 수 있어요.

가: 내일 모임에 같이 갈 수 있어요?
나: 그럼요. 같이 가요.

1. Look at the pictures and complete the conversations.

그림을 보고 대화를 완성해 보세요.

한국 음식을 만들 수 있어요?

○ 네. 만들 수 있어요.

× 아니요. 만들 수 없어요.

1) 가: 수영을 ....?
나: ....

2) 가: 피아노를 ....?
나: ....

3) 가: 스키를 ....?
나: ....

4) 가: 이 책을 ....?
나: ....

2. Is there anything you can't do? Why can't you do it? Talk with a partner as follows.

무엇을 할 수 없어요? 왜 할 수 없어요? 다음과 같이 친구와 이야기해 보세요.

재민 씨, 지금 전화를 받을 수 있어요?

미안해요. 회의를 해서 전화를 받을 수 없어요.

	누구	할 수 있어요?	왜 할 수 없어요?
1)	재민	지금 전화를 받다	회의를 하다
2)	마리	오늘 같이 운동하다	다리를 다치다
3)	주노	주말에 만나다	다른 약속이 있다
4)			

새 어휘 | 스키 / 전화 / 다치다

문법
2

-고 있다

'-고 있다' is combined with a verb, indicating that a certain action is in progress.

1B
11과

가: 수지 씨는 지금 뭐 해요?
나: 케이팝을 듣고 있어요.

가: 모임 음식 준비는 다 했어요?
나: 아니요. 아직 음식을 만들고 있어요.

1. Look at the pictures and complete the conversations.

그림을 보고 대화를 완성해 보세요.

지금 뭐 해요?

요리하고 있어요.

1) 가: 지금 뭐 해요?
   나: ....

2) 가: 지금 뭐 해요?
   나: ....

3) 가: 안나 씨는 지금 뭐 하고 있어요?
   나: ....

4) 가: 재민 씨는 지금 뭐 하고 있어요?
   나: ....

2. What are these people doing? Look at the picture and talk with a partner.

이 사람들은 무엇을 하고 있어요? 그림을 보고 친구와 이야기해 보세요.

수지 씨는 뭐 하고 있어요?

햄버거를 먹고 있어요.

1) 수지 2) 유진 3) 주노
4) 마리 5) 안나 6) 재민

활동 1

우리 반 모임

1. Eugene and Juno are talking about a class gathering. What do they say?

유진 씨와 주노 씨가 반 모임에 대해 이야기하고 있어요. 무슨 이야기를 할까요?

02

유진: 주노 씨, 우리 반 모임은 어디에서 할까요?

주노: 우리 집은 어때요? 제가 한국 음식을 만들 수 있어요.

유진: 정말요? 주노 씨가 한국 음식을 만들 수 있어요?

주노: 네. 요즘 한국 요리를 배우고 있어요.

유진: 그럼 주노 씨 집에서 모여요.
저하고 같이 음식을 준비해요.

주노: 네. 좋아요.

1) 우리 반 모임 장소는 어디예요?

2) 주노 씨는 요즘 무엇을 배우고 있어요?

2. You are preparing for a gathering with your friends. Talk with a partner as follows.

친구들과 함께 모임 준비를 해요. 다음과 같이 친구와 이야기해 보세요.

리사 씨 결혼 축하 모임은 어디에서 할까요?

세종식당은 어때요?

네. 좋아요. 제가 케이크를 만들 수 있어요.

그럼 저하고 같이 만들어요.

1)	리사 씨 결혼 축하 모임	세종식당	케이크를 만들다
2)	마리 씨 생일 파티	주노 씨 집	선물을 준비하다
3)	독서 모임	우리 집	음식을 준비하다
4)			

새 어휘 | 모이다 / 결혼 / 축하

케이팝 모임

1. This is an invitation Anna wrote. Why did she write it?

안나 씨가 쓴 초대장이에요. 안나 씨는 이 글을 왜 썼을까요?

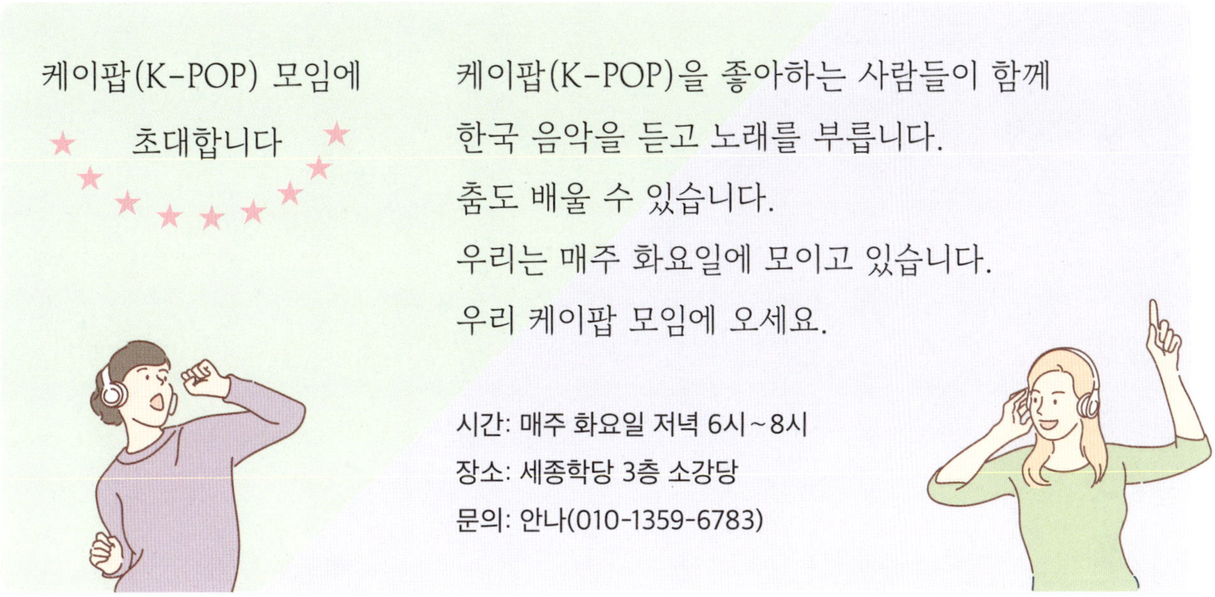

케이팝(K-POP) 모임에
★ 초대합니다 ★

케이팝(K-POP)을 좋아하는 사람들이 함께
한국 음악을 듣고 노래를 부릅니다.
춤도 배울 수 있습니다.
우리는 매주 화요일에 모이고 있습니다.
우리 케이팝 모임에 오세요.

시간: 매주 화요일 저녁 6시~8시
장소: 세종학당 3층 소강당
문의: 안나(010-1359-6783)

1) 안나 씨는 이 모임에 누구를 초대해요?

2) 사람들은 이 모임에서 무엇을 할 거예요?

2. Write an invitation to a gathering you would like to hold.

여러분이 하고 싶은 모임의 초대장을 써 보세요.

____________ 에
초대합니다

모임 내용: ....

시간: ....

장소: ....

문의: ....

어휘와 표현 시간을 정해요 / 장소를 예약해요 / 사람들을 초대해요 / 연락을 해요 / 음식을 준비해요 / 선물을 사요

문법 -(으)ㄹ 수 있다, 없다
내일 모임에 같이 갈 수 있어요?

-고 있다
음식을 만들고 있어요.

자기 점검

1. **Can you prepare for a gathering?**
   모임을 준비할 수 있어요?

2. **Can you suggest a gathering and invite people?**
   모임을 제안하고 권유할 수 있어요?

I'm going to give Jinnie a pen as a gift

저는 지니 씨에게 펜을 선물할 거예요

Let's ask and answer questions about gifts.

주고 싶은 선물을 묻고 답할 수 있어요.

S 1B

12

When do you give gifts?
여러분은 언제 선물을 해요?

What kinds of gifts
do you want for your birthday?
여러분은 생일에
무슨 선물을 받고 싶어요?

선물

1. When do you give gifts? Listen and repeat.

언제 선물을 줘요? 다음을 듣고 따라 해 보세요.

01

생일

결혼식

졸업식

어버이날

어린이날

명절

2. What did you get recently as a gift? Check (√) and fill in the blank. Then listen and repeat.

최근에 무슨 선물을 받았어요? √ 표시를 하고 빈칸에도 써 보세요. 그리고 듣고 따라 해 보세요.

02

☐ 케이크

☐ 꽃

☐ 지갑

☐ 신발

☐ 화장품

☐ 핸드폰

☐ 게임기

☐ ....

3. What kind of gift do you want to give? Talk with a partner as follows.

무슨 선물을 주고 싶어요? 다음과 같이 친구와 이야기해 보세요.

주노 씨 생일에 무슨 선물을 줄 거예요?

저는 시계를 주고 싶어요.

	언제	선물
1)	주노 씨 생일	시계
2)	동생 졸업식	꽃
3)	친구 결혼식	화장품
4)		

새 어휘 | 최근

문법 1

에게, 한테

'에게/한테' attaches to the end of a noun, indicating the target that is affected by an action.

가: 안나 씨에게 무슨 선물을 할 거예요?
나: 저는 지갑을 줄 거예요.

가: 유진 씨, 지금 뭐 하고 있어요?
나: 형한테 사진을 보내고 있어요.

1. Look at the pictures and complete the sentences.

그림을 보고 문장을 완성해 보세요.

안나 씨 → 유진 씨  안나 씨가 유진 씨에게 선물을 주었어요.

1) 아버지 → 주노 씨  아버지가 ______ 사과를 주었어요.

2) 재민 씨 → 누나  재민 씨가 ______ 편지를 보낼 거예요.

3) 수지 씨 → 동생  수지 씨가 ______ 전화하고 있어요.

4) 마리 씨 → 리사 씨  마리 씨가 ______ 축하 카드를 썼어요.

2. What did they do and to whom? Talk with a partner as follows.

누구에게 무엇을 했어요? 다음과 같이 친구와 이야기해 보세요.

안나 씨, 누구에게 선물을 주었어요?

저는 유진 씨한테 선물을 주었어요.

	누가	누구에게	무엇
1)	안나	유진	선물을 주다
2)	주노	수지	전화를 하다
3)	재민	리사	메시지를 보내다
4)			

새 어휘 | 보내다 / 누나 / 편지 / 카드 / 메시지

문법 2

-(으)니까

'-(으)니까' is combined with a verb or an adjective, expressing reasons.

1B
12과

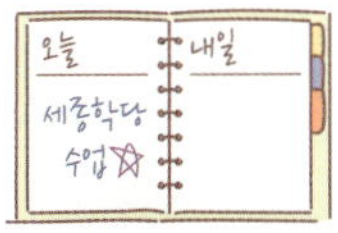

가: 주노 씨, 오늘 저녁에 만날까요?

나: 오늘은 한국어 수업이 있**으니까** 내일 만나요.

가: 수지 씨에게 어떤 선물을 줄까요?

나: 수지 씨가 인형을 좋아하**니까** 인형은 어때요?

1. Look at the pictures and complete the conversations. 그림을 보고 대화를 완성해 보세요.

주말에 같이 뭐 할까요?

요즘 날씨가 **좋으니까** 산책을 해요.

(좋다)

1) 

(70,000원) (30,000원)

가: 주노 씨에게 시계를 선물할까요?

나: 시계는 ....

케이크를 사요. (비싸다)

2) 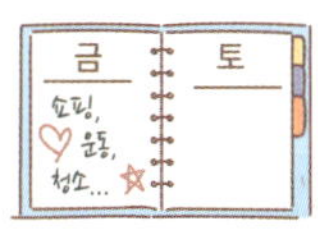

가: 금요일에 만날 수 있어요?

나: 금요일은 ....

토요일에 만나요. (바쁘다)

3) 

가: 어느 식당에 갈까요?

나: 세종식당이 ....

.... 거기로 가요. (싸고 맛있다)

4) 

가: 마리 씨, 떡볶이를 먹으러 갈까요?

나: 아니요. 떡볶이는 ....

냉면을 먹어요. (맵다)

2. Talk with a partner as follows. 다음과 같이 친구와 이야기해 보세요.

마리 씨, 우리 같이 **산에 갈까요?**

아니요. **날씨가 추우니까 영화관에 가요.**

	뭘 할까요?	이유	같이 해요
1)	산에 가다	날씨가 춥다	영화관에 가다
2)	식사하다	배가 안 고프다	차를 마시다
3)	게임을 하다	지금은 약속이 있다	주말에 하다
4)			

새 어휘 | 인형

활동 1

졸업 선물

1. Eugene and Anna are going to prepare gifts. What are they talking about?

03

유진 씨와 안나 씨가 선물을 준비하려고 해요. 두 사람은 무슨 이야기를 할까요?

유진: 안나 씨, 지니 씨 졸업 선물은 준비했어요?

안나: 네. 저는 지니 씨에게 펜을 선물할 거예요.

유진: 그래요? 저는 아직 준비를 못 했어요.

안나: 졸업식 축하 선물이니까 꽃은 어때요?

유진: 네. 좋은 생각이에요. 고마워요.

1) 안나 씨와 유진 씨는 왜 선물을 사려고 해요?

2) 두 사람은 지니 씨에게 어떤 선물을 할까요? 연결해 보세요.

①  • • 

②  • • 

2. When do you give gifts? What types of gifts do you usually choose to give and why? Talk with a partner as follows.

언제, 어떤 선물을 해요? 이유가 뭐예요? 다음과 같이 친구와 이야기해 보세요.

주노 씨 생일에 어떤 선물을 할까요?

주노 씨 지갑이 오래되었으니까 지갑은 어때요?

네. 좋은 생각이에요.

	언제	이유	선물
1)	주노 씨 생일	지갑이 오래되었다	지갑
2)	동생 고등학교 입학식	케이팝(K-POP)을 좋아하다	콘서트 표
3)	리사 씨 결혼식	요리를 자주 하다	그릇
4)			

발음

못 했어요
[몯해써요]
↓
[모태써요]

When the final consonants 'ㄱ,' 'ㄷ,' 'ㅂ,' 'ㅈ' are followed by 'ㅎ,' they are combined with 'ㅎ' and pronounced as [ㅋ], [ㅌ], [ㅍ], [ㅊ], respectively.

Listen and repeat.

- 생일을 **축하해요**.
- 동생에게 **입학** 선물을 했어요.

새 어휘 | 생각 / 오래되다 / 고등학교 / 입학식 / 표 / 그릇

생일 축하

1. This is a birthday card Anna wrote to Jaemin. What did she write?
안나 씨가 재민 씨에게 쓴 생일 축하 카드예요. 안나 씨는 재민 씨에게 무슨 말을 썼을까요?

> 재민 씨,
>
> 생일 축하해요. 저는 오늘 다른 일이 있어서 재민 씨 생일 파티에 못 가요. 정말 미안해요. 그런데 재민 씨에게 주고 싶어서 케이크를 만들었어요. 처음 만들어서 케이크가 예쁘지 않지만 열심히 만들었어요. 친구들하고 함께 드세요. 제가 다음 주에는 시간이 있으니까 만나서 같이 놀아요.
>
> 다시 한번 생일 축하해요.
>
> – 안나.

1) 안나 씨는 재민 씨 생일 파티에 왜 못 가요?

2) 안나 씨는 재민 씨에게 어떤 선물을 주었어요?

2. Write a congratulations card to your friend.
친구에게 축하 카드를 써 보세요.

무엇을 축하해요? → 어떤 선물을 준비했어요? → 어떤 말을 하고 싶어요?

새 어휘 | 처음 / 열심히 / 한번 / 말

어휘와 표현

생일 / 결혼식 / 졸업식 / 어버이날 /
어린이날 / 명절 /
케이크 / 꽃 / 지갑 / 신발 /
화장품 / 핸드폰 / 게임기

문법

에게, 한테
안나 씨에게 무슨 선물을 할 거예요?

-(으)니까
오늘은 한국어 수업이 있으니까
내일 만나요.

자기 점검

1. **Can you say some common expressions related to gifts?**
   선물과 관련된 어휘를 말할 수 있어요?

2. **Can you ask and answer questions about gifts?**
   주고 싶은 선물을 묻고 답할 수 있어요?

/ Listening Scripts / Answer Key / Vocabulary Index / Credits

Listening Scripts

1B

01 What food do you like?

무슨 음식을 좋아해요?

어휘와 표현	1번	15쪽

알고 있는 음식에 √ 표시를 해 보세요. 그리고 듣고 따라 해 보세요.

☐ 비빔밥 ☐ 불고기 ☐ 김치찌개 ☐ 된장찌개 ☐ 냉면
☐ 볶음밥 ☐ 잡채 ☐ 떡볶이 ☐ 김밥 ☐ 라면

활동 1	1번	18쪽

안나 씨와 유진 씨가 좋아하는 음식을 이야기해요. 두 사람은 무슨 음식을 좋아할까요?

안나: 유진 씨, 한국 음식을 좋아해요?
유진: 네. 저는 불고기를 좋아해요.
안나 씨는 불고기를 좋아해요?
안나: 저는 고기를 못 먹어요.
유진: 그럼 무슨 음식을 좋아해요?
안나: 저는 떡볶이를 좋아해요.

02 I'm going to the library to borrow books

도서관에 책을 빌리러 가요

어휘와 표현	1번	23쪽

취미가 뭐예요? 그것을 얼마나 자주 해요? 빈칸에 표시해 보세요. 그리고 듣고 따라 해 보세요.

운동을 해요 그림을 그려요 요리를 해요
노래를 들어요 책을 읽어요 기타를 쳐요
드라마를 봐요 게임을 해요 낚시를 해요

활동 1	1번	26쪽

안나 씨와 주노 씨가 취미에 대해 이야기해요. 두 사람의 취미는 무엇일까요?

안나: 주노 씨는 취미가 뭐예요?
주노: 저는 독서를 좋아해요.
그래서 자주 도서관에 책을 빌리러 가요. 안나 씨는요?
안나: 저는 드라마를 좋아해요. 특히 한국 드라마를 자주 봐요.
주노: 그래요? 저도 한국 드라마를 좋아해요.

03 I'm going to shop at a department store

백화점에서 쇼핑할 거예요

어휘와 표현	1번	31쪽

무슨 옷을 자주 입어요? √ 표시를 해 보세요. 그리고 듣고 따라 해 보세요.

☐ 티셔츠 ☐ 청바지 ☐ 치마 ☐ 정장 ☐ 운동복

어휘와 표현	2번	31쪽

알맞은 것을 연결해 보세요. 그리고 듣고 따라 해 보세요.

1) 입어요
2) 써요
3) 신어요
4) 매요

활동 1	1번	34쪽

안나 씨와 주노 씨가 쇼핑 계획을 이야기하고 있어요. 두 사람은 무슨 이야기를 할까요?

안나: 주노 씨, 내일 뭐 할 거예요?
주노: 쇼핑할 거예요.
안나: 뭐 살 거예요?
주노: 토요일에 친구 결혼식이 있어서 정장을 살 거예요.
안나: 어디에서 살 거예요?
주노: 백화점에서 살 거예요.

04 Do you have pants that are a little bigger?
더 큰 사이즈는 없어요?

어휘와 표현 | 1번 | 39쪽

다음 그림을 어떻게 말할까요? 듣고 따라 해 보세요.

커요 작아요 넓어요 좁아요 높아요 낮아요
길어요 짧아요 비싸요 싸요 편해요 불편해요

활동 1 | 1번 | 42쪽

유진 씨가 옷 가게에 갔어요. 점원과 유진 씨는 무슨 이야기를 할까요?

점원: 손님, 어떠세요?
유진: 좀 작아요. 더 큰 사이즈는 없어요?
점원: 죄송합니다. 이 바지는 큰 사이즈가 없어요. 그럼 저 바지는 어떠세요? 저건 큰 사이즈가 있어요.
유진: 네. 좋아요.
점원: 잠시만 기다리세요.

05 Do you know where Sejong Restaurant is?
세종식당이 어디에 있어요?

어휘와 표현 | 1번 | 47쪽

다음을 어떻게 말해요? 듣고 따라 해 보세요.

☐ 올라가요 ☐ 내려가요 ☐ 나가요 ☐ 들어가요
☐ 똑바로 가요 ☐ 돌아가요 ☐ 건너가요 ☐ 지나요

활동 1 | 1번 | 50쪽

수지 씨가 재민 씨에게 길을 물어요. 두 사람은 무슨 이야기를 할까요?

수지: 재민 씨, 세종식당이 어디에 있어요?
재민: 수지 씨, 한국병원을 알아요?
수지: 네. 알아요.
재민: 한국병원에서 오른쪽으로 똑바로 가세요.
그러면 은행이 있어요. 은행 옆이 세종식당이에요.
수지: 네. 고마워요.

06 How can I get to Hanguk Art Museum?
한국미술관까지 어떻게 가요?

어휘와 표현 | 1번 | 55쪽

자주 타는 교통수단에 √ 표시를 해 보세요. 그리고 듣고 따라 해 보세요.

☐ 자전거 ☐ 오토바이 ☐ 택시 ☐ 버스
☐ 기차 ☐ 지하철 ☐ 배 ☐ 비행기

어휘와 표현 | 2번 | 55쪽

그림을 보고 알맞은 것을 연결해 보세요. 그리고 듣고 따라 해 보세요.

1) 버스로 갈아타요
2) 택시에서 내려요
3) 지하철을 타요
4) 차를 운전해요
5) 걸어서 가요

활동 1 | 1번 | 58쪽

유진 씨와 안나 씨가 한국미술관에 가요. 두 사람은 무슨 이야기를 할까요?

유진: 안나 씨, 오늘 오후에 한국미술관에 갈까요?
안나: 네. 좋아요. 같이 가요.
그런데 한국미술관이 어디에 있어요?
유진: 세종학당에서 조금 멀어요. 시청 옆에 있어요.
안나: 그럼 한국미술관까지 어떻게 가요?
유진: 8번 버스를 타고 가요. 삼십 분쯤 걸려요.

07 I'm planning to go to Jeju Island
제주도에 가려고 해요

어휘와 표현 | 1번 | 63쪽

어디로 여행을 가고 싶어요? 무엇을 준비해요? √ 표시를 해 보세요. 그리고 듣고 따라 해 보세요.

☐ 산 ☐ 섬 ☐ 바다 ☐ 도시 ☐ 호수
☐ 돈 ☐ 약 ☐ 여권 ☐ 모자 ☐ 우산
☐ 운동화 ☐ 수영복 ☐ 화장품

어휘와 표현 | 2번 | 63쪽

여행에서 무엇을 하고 싶어요? √ 표시를 해 보세요. 그리고 듣고 따라 해 보세요.

☐ 구경을 해요 ☐ 등산을 해요 ☐ 배를 타요 ☐ 파티를 해요
☐ 낚시를 해요 ☐ 선물을 사요 ☐ 맛집에 가요 ☐ 호텔에서 쉬어요

활동 1 | 1번 | 66쪽

재민 씨와 마리 씨가 휴가 이야기를 하고 있어요. 두 사람은 무슨 이야기를 할까요?

재민: 마리 씨, 이번 휴가에 뭐 할 거예요?
마리: 여행을 가려고 해요.
재민: 어디로 여행을 가요?
마리: 제주도에 가려고 해요.
재민: 한라산에도 갈 거예요?
마리: 네. 한라산에도 가고 바다에도 갈 거예요.

08 It was better than the last trip
지난번 여행보다 좋았어요

어휘와 표현 | 1번 | 71쪽

여행에서 무엇을 했어요? √ 표시를 해 보세요. 그리고 듣고 따라 해 보세요.

□ 거리 구경을 해요 □ 축제에 가요 □ 전통 시장에 가요
□ 새로운 음식을 먹어요 □ 박물관에 가요 □ 공연을 봐요

어휘와 표현 | 2번 | 71쪽

한국 여행에서는 특별한 경험을 할 수 있어요. 알맞은 것을 연결하고 듣고 따라 해 보세요.

1) 영화 축제에 가요
2) 삼계탕을 먹어요
3) 케이팝(K-POP) 콘서트에 가요
4) 한복을 입어요

활동 1 | 1번 | 74쪽

재민 씨와 마리 씨가 여행에 대해 이야기해요. 두 사람은 무슨 이야기를 할까요?

재민: 마리 씨, 부산 여행 잘 다녀왔어요?
이번 여행은 어땠어요?
마리: 지난번 여행보다 좋았어요.
특히 영화 축제가 재미있었어요.
재민: 아, 그래요? 날씨는 괜찮았어요?
마리: 네. 그래서 저녁을 먹은 후에 매일 바닷가에서 산책했어요.

09 You need to take plenty of rest at home
집에서 푹 쉬어야 돼요

어휘와 표현 | 1번 | 79쪽

어디가 아파요? √ 표시를 해 보세요. 그리고 듣고 따라 해 보세요.

□ 눈 □ 귀 □ 코 □ 입 □ 이
□ 머리 □ 목 □ 팔 □ 배 □ 손 □ 다리 □ 발

어휘와 표현 | 2번 | 79쪽

감기에 걸리면 어떻게 아파요? 알맞은 것을 연결하고 듣고 따라 해 보세요.

1) 머리가 아파요
2) 목이 아파요
3) 기침을 해요
4) 콧물이 나요
5) 열이 나요

활동 1 | 1번 | 82쪽

안나 씨가 지금 많이 아파요. 주노 씨와 안나 씨는 무슨 이야기를 할까요?

주노: 안나 씨, 어디가 아파요?
안나: 네. 열이 나고 목도 아파요.
주노: 약은 먹었어요?
안나: 네. 약을 먹었지만 아직 좀 아파요.
주노: 안나 씨, 집에서 푹 쉬어야 돼요.
그리고 따뜻한 물도 자주 드세요.
안나: 네. 고마워요.

10 I go swimming before school
학교에 가기 전에 수영을 해요

어휘와 표현 | 1번 | 87쪽

평소에 하고 있는 것에 √ 표시를 해 보세요. 그리고 듣고 따라 해 보세요.

□ 일찍 일어나요 □ 아침을 꼭 먹어요 □ 매일 운동해요
□ 물을 자주 마셔요 □ 채소와 과일을 많이 먹어요 □ 많이 걸어요
□ 자주 웃어요 □ 식사 시간을 잘 지켜요 □ 잠을 잘 자요

활동 1 | 1번 | 90쪽

유진 씨와 안나 씨가 길에서 만났어요. 안나 씨는 아침에 어디에 갈까요?

유진: 안나 씨, 아침 일찍 어디에 가요?
안나: 수영장에 가요. 저는 학교에 가기 전에 수영을 해요.
유진: 보통 몇 시에 수영을 해요?
안나: 여덟 시에 해요.
유진: 그래요? 그럼 아침은 안 먹어요?
안나: 수영을 하고 학교에 가서 아침을 먹어요.

11 Can you make Korean food?
한국 음식을 만들 수 있어요?

어휘와 표현 | 1번 | 95쪽

반 모임을 준비해요. 무엇을 해야 돼요? √ 표시를 해 보세요. 그리고 듣고 따라 해 보세요.

□ 시간을 정해요 □ 장소를 예약해요 □ 사람들을 초대해요
□ 연락을 해요 □ 음식을 준비해요 □ 선물을 사요

활동 1 | 1번 | 98쪽

유진 씨와 주노 씨가 반 모임에 대해 이야기하고 있어요. 무슨 이야기를 할까요?

유진: 주노 씨, 우리 반 모임은 어디에서 할까요?
주노: 우리 집은 어때요? 제가 한국 음식을 만들 수 있어요.
유진: 정말요? 주노 씨가 한국 음식을 만들 수 있어요?
주노: 네. 요즘 한국 요리를 배우고 있어요.
유진: 그럼 주노 씨 집에서 모여요.
저하고 같이 음식을 준비해요.
주노: 네. 좋아요.

12 I'm going to give Jinnie a pen as a gift
저는 지니 씨에게 펜을 선물할 거예요

어휘와 표현 | 1번 | 103쪽

언제 선물을 줘요? 다음을 듣고 따라 해 보세요.

생일 결혼식 졸업식
어버이날 어린이날 명절

어휘와 표현 | 2번 | 103쪽

최근에 무슨 선물을 받았어요? √ 표시를 하고 빈칸에도 써 보세요. 그리고 듣고 따라 해 보세요.

□ 케이크 □ 꽃 □ 지갑 □ 신발
□ 화장품 □ 핸드폰 □ 게임기

활동 1 | 1번 | 106쪽

유진 씨와 안나 씨가 선물을 준비하려고 해요. 두 사람은 무슨 이야기를 할까요?

유진: 안나 씨, 지니 씨 졸업 선물은 준비했어요?
안나: 네. 저는 지니 씨에게 펜을 선물할 거예요.
유진: 그래요? 저는 아직 준비를 못 했어요.
안나: 졸업식 축하 선물이니까 꽃은 어때요?
유진: 네. 좋은 생각이에요. 고마워요.

Answer Key

1B

01 What food do you like?
무슨 음식을 좋아해요?

어휘와 표현	2번	15쪽

비빔밥, 김치찌개, 된장찌개, 볶음밥, 김밥, 라면, 냉면

어휘와 표현	3번	15쪽

[예시]
가: 안나 씨, 뭘 먹을까요?
나: 저는 김밥을 먹고 싶어요. 재민 씨는요?
가: 저는 잡채를 좋아해요.
나: 그럼 우리 김밥하고 잡채를 주문해요.
저기요. 김밥하고 잡채 주세요.

문법 1	1번	16쪽

1) 농구를(수영을/요가를) 자주 해요
2) 불고기를(피자를/라면을) 자주 먹어요
3) 모자를(가방을/구두를) 받고 싶어요
4) 저는 사과를(바나나를/딸기를) 샀어요

문법 1	2번	16쪽

1) [예시 1]
가: 마리 씨, 음악을 좋아해요?
나: 네. 좋아해요.
가: 무슨 음악을 가장 좋아해요?
나: 저는 케이팝(K-POP)을 가장 좋아해요.

[예시 2]
가: 마리 씨, 동물을 좋아해요?
나: 네. 좋아해요.
가: 무슨 동물을 가장 좋아해요?
나: 저는 고양이를 가장 좋아해요.

[예시 3]
가: 마리 씨, 운동을 좋아해요?
나: 네. 좋아해요.
가: 무슨 운동을 가장 좋아해요?
나: 저는 테니스를 가장 좋아해요.

문법 2	1번	17쪽

[예시 1]
혼자 옷을 못 입어요.
이야기를 못 해요.

[예시 2]
자전거를 못 타요.
여행을 못 가요.

문법 2	2번	17쪽

1) [예시 1]
가: 유진 씨, 수영을 잘해요?
나: 아니요. 저는 수영을 못 해요.

[예시 2]
가: 유진 씨, 운전을 잘해요?
나: 네. 잘해요.

활동 1	1번	18쪽

1) ① 유진 – 불고기, ② 안나 – 떡볶이
2) 안나 씨는 고기를 못 먹어요.

활동 1	2번	18쪽

2) 가: 주노 씨는 무슨 음식을 좋아해요?
나: 저는 햄버거를 좋아해요. 마리 씨는 햄버거를 좋아해요?
가: 아니요. 저는 고기를 못 먹어요.
3) 가: 주노 씨는 무슨 음식을 좋아해요?
나: 저는 생선 초밥을 좋아해요. 마리 씨는 생선 초밥을 좋아해요?
가: 아니요. 저는 생선을 못 먹어요.
4) [예시]
가: 주노 씨는 무슨 음식을 좋아해요?
나: 저는 불고기를 좋아해요. 마리 씨는 불고기를 좋아해요?
가: 아니요. 저는 고기를 못 먹어요.

활동 2 | 1번 | 19쪽

1) 이 사람은 한국 음식을 좋아해요.
2) 김치찌개는 조금 매워요. 하지만 맛있어요.

활동 2 | 2번 | 19쪽

[예시]
저는 한국 음식을 좋아해요. 일주일에 두 번 한국 식당에 가요. 저는 김밥하고 떡볶이를 자주 먹어요. 김밥은 정말 맛있어요. 떡볶이는 조금 매워요. 하지만 맛있어요. 이번 주말에는 친구하고 한국 식당에 갈 거예요.

02 I'm going to the library to borrow books
도서관에 책을 빌리러 가요

어휘와 표현 | 2번 | 23쪽

봐요 / 들어요 / 쳐요 / 해요

어휘와 표현 | 3번 | 23쪽

2) 가: 유진 씨, 음악을 좋아해요?
나: 네. 좋아해요. 요즘은 케이팝(K-POP)을 자주 들어요.
3) 가: 유진 씨, 영화를 좋아해요?
나: 네. 좋아해요. 요즘은 한국 영화를 자주 봐요.
4) [예시]
가: 유진 씨, 드라마를 좋아해요?
나: 네. 좋아해요. 요즘은 한국 드라마를 자주 봐요.

문법 1 | 1번 | 24쪽

2) 운동을 하다 – 헬스클럽에 가다
가: 지금 어디에 가요?
나: 운동을 하러 헬스클럽에 가요.
3) 돈을 찾다 – 은행에 가다
가: 지금 어디에 가요?
나: 돈을 찾으러 은행에 가요.
4) 한국어 수업을 듣다 – 세종학당에 가다
가: 지금 어디에 가요?
나: 한국어 수업을 들으러 세종학당에 가요.

문법 1 | 2번 | 24쪽

[예시 1]
가: 은행에 왜 가요?
나: 돈을 찾으러 가요.

[예시 2]
가: 카페에 왜 가요?
나: 커피를 마시러 가요.

[예시 3]
가: 미용실에 왜 가요?
나: 머리를 자르러 가요.

[예시 4]
가: 백화점에 왜 가요?
나: 옷을 사러 가요.

[예시 5]
가: 도서관에 왜 가요?
나: 책을 빌리러 가요.

문법 2 | 1번 | 25쪽

1) 테니스도 좋아해요
2) 수지 씨도 와요
3) 바나나도 사요
4) 저녁에도 해요

문법 2 | 2번 | 25쪽

[예시]
2) 가: 뭘 배우고 싶어요?
나: 수영을 배우고 싶어요. 그리고 테니스도 배우고 싶어요.
3) 가: 뭘 하고 싶어요?
나: 옷을 사고 싶어요. 그리고 구두도 사고 싶어요.
4) 가: 주말에 보통 뭐 해요?
나: 기타를 쳐요. 그리고 그림도 그려요.

활동 1 | 1번 | 26쪽

1) 안나 씨는 드라마를 좋아해요. 주노 씨는 독서를 좋아해요.
2) 안나 씨는 한국 드라마를 자주 봐요.

활동 1 | 2번 | 26쪽

2) 가: 수지 씨, 취미가 뭐예요?
나: 제 취미는 자전거예요. 그래서 매일 자전거를 타요. 주노 씨는요?
가: 저는 요리를 좋아해요.
3) [예시]
가: 재민 씨, 취미가 뭐예요?
나: 제 취미는 게임이에요. 그래서 매일 게임을 해요. 안나 씨는요?
가: 저는 영화를 좋아해요.

활동 2 | 1번 | 27쪽

1) 수영이에요.
2) 친구들하고 바다에 가고 싶어 해요. 바다에서 수영을 하고 싶어 해요.

활동 2 | 2번 | 27쪽

[예시]

저는 낚시를 좋아해요. 3년 전에 낚시를 시작했어요. 주말에 낚시를 하러 바다에 가요. 보통 친구들하고 같이 바다에 가요. 이번 여름에는 친구들하고 제주도에 가고 싶어요. 제주도에서 친구들하고 같이 낚시를 하고 싶어요.

03 I'm going to shop at a department store

백화점에서 쇼핑할 거예요

어휘와 표현 | 2번 | 31쪽

2) 써요
3) 신어요
4) 매요

어휘와 표현 | 3번 | 31쪽

1) 티셔츠를
2) 운동화를
3) 치마를
4) 구두를

문법 1 | 1번 | 32쪽

1) 커피를 좋아해서 매일 마셔요
2) 요즘 바빠서 운동을 못 해요
3) 친구를 만나고 싶어서 친구 집에 갔어요
4) 아침에 밥을 못 먹어서 점심을 많이 먹었어요

문법 1 | 2번 | 32쪽

1) 생일 파티가 있어서
2) 비가 와서
3) 김치를 좋아해서
4) [예시]
한국 여행을 하고 싶어서

문법 2 | 1번 | 33쪽

1) 먹을 거예요
2) 살 거예요
3) 갈 거예요
4) 읽을 거예요

문법 2 | 2번 | 33쪽

2) [예시]
저는 이번 주말에 마트에 갈 거예요. 마트에서 과일을 살 거예요.

활동 1 | 1번 | 34쪽

1) 토요일에 친구 결혼식이 있어요.
2) 주노 씨는 정장을 살 거예요.

활동 1 | 2번 | 34쪽

2) 가: 주말에 뭐 할 거예요?
나: 백화점에 갈 거예요.
가: 뭐 살 거예요?
나: 동생 생일이어서 화장품을 살 거예요.
3) 가: 주말에 뭐 할 거예요?
나: 마트에 갈 거예요.
가: 뭐 살 거예요?
나: 떡볶이를 먹고 싶어서 떡하고 채소를 살 거예요.
4) [예시]
가: 주말에 뭐 할 거예요?
나: 신발 가게에 갈 거예요.
가: 뭐 살 거예요?
나: 운동화가 없어서 운동화를 살 거예요.

활동 2 | 1번 | 35쪽

1) 수지 씨는 여행 가방하고 모자를 살 거예요.
2) 수지 씨는 요즘 너무 바빠요.

활동 2 | 2번 | 35쪽

[예시]

저는 이번 토요일에 친구 결혼식에 갈 거예요. 그런데 정장하고 구두가 없어요. 그래서 오늘 정장하고 구두를 살 거예요. 집 근처에 백화점이 있어요. 백화점에는 정장하고 구두가 많아요. 그리고 아주 멋있어요.

04 Do you have pants that are a little bigger?

더 큰 사이즈는 없어요?

어휘와 표현 | 2번 | 39쪽

[예시]
1) 비싸요/싸요
2) 커요/작아요
3) 넓어요/좁아요
4) 길어요/짧아요

어휘와 표현 | 3번 | 39쪽

1) 커요
2) 짧아요
3) 비싸요

4) 편해요

문법 1	1번	40쪽

1) 큰 가방을
2) 귀여운 고양이를
3) 긴 바지를
4) 맛있는 밥을

문법 1	2번	40쪽

[예시]

여기는 제 방이에요. 제 방에는 큰 창문이 있어요. 창문 앞에는 큰 침대가 있어요. 침대 옆에는 예쁜 꽃이 있어요. 그리고 귀여운 고양이도 있어요.

문법 2	1번	41쪽

1) 잡니다
2) 읽습니다
3) 듣습니다
4) 만듭니다

문법 2	2번	41쪽

[예시]

제 꿈은 가수입니다. 저는 노래를 정말 좋아합니다. 그래서 앞으로 좋은 노래를 많이 부르고 싶습니다.

활동 1	1번	42쪽

1) 유진 씨가 바지를 사요.
2) 바지가 좀 작았어요.

활동 1	2번	42쪽

2) 가: 뭘 찾으세요?
   나: 청바지 좀 보여 주세요.
   가: 어떠세요?
   나: 좀 짧아요. 긴 청바지는 없어요?
   가: 여기 있습니다.
3) 가: 뭘 찾으세요?
   나: 여행 가방 좀 보여 주세요.
   가: 어떠세요?
   나: 좀 커요. 작은 여행 가방은 없어요?
   가: 여기 있습니다.
4) [예시]
   가: 뭘 찾으세요?
   나: 구두 좀 보여 주세요.
   가: 어떠세요?
   나: 좀 높아요. 낮은 구두는 없어요?
   가: 여기 있습니다.

활동 2	1번	43쪽

1) 이 사람은 누리 쇼핑몰에 자주 가요.
2) 누리 쇼핑몰에는 예쁜 옷하고 가격이 싼 신발이 많아요.

활동 2	2번	43쪽

[예시]

저는 누리 쇼핑몰에 자주 갑니다. 누리 쇼핑몰은 세종학당 근처에 있습니다. 누리 쇼핑몰에는 운동복 가게하고 운동화 가게가 있습니다. 편한 운동복하고 가격이 싼 운동화가 많습니다. 그래서 저는 보통 누리 쇼핑몰에서 운동복하고 운동화를 삽니다.

05 Do you know where Sejong Restaurant is?

세종식당이 어디에 있어요?

어휘와 표현	2번	47쪽

2) 편의점이 밖에 있어요. 나가세요.
3) 교실이 2층에 있어요. 올라가세요.
4) 주차장이 건물 뒤에 있어요. 돌아가세요.

어휘와 표현	3번	47쪽

1) 건너가세요
2) 올라가세요
3) 내려가세요
4) 들어가세요

문법 1	1번	48쪽

1) 누구
2) 언제
3) 얼마나
4) 어떤

문법 1	2번	48쪽

1) 얼마나 배웠어요
2) 일주일에 몇 번 쳐요
3) 누구하고 같이 쳐요
4) 어디에서 쳐요

문법 2	1번	49쪽

1) 오른쪽으로
2) 왼쪽으로
3) 앞으로
4) 뒤로

문법 2 | 2번 | 49쪽

1) 왼쪽으로 가세요
2) 오른쪽으로 가세요
3) 지하 1층으로 내려가세요
4) 3층으로 올라가세요

활동 1 | 1번 | 50쪽

1) 수지 씨는 세종식당에 가요.
2) 은행이 있어요.

활동 1 | 2번 | 50쪽

2) 가: 서울영화관이 어디에 있어요?
나: 세종은행을 알아요?
가: 네, 알아요.
나: 세종은행에서 오른쪽으로 가세요. 그러면 서울영화관이 있어요.
3) 가: 제주 마트가 어디에 있어요?
나: 누리 카페를 알아요?
가: 네, 알아요.
나: 누리 카페에서 앞으로 가세요. 그러면 제주 마트가 있어요.
4) [예시]
가: 행복 쇼핑몰이 어디에 있어요?
나: 세종식당을 알아요?
가: 네, 알아요.
나: 세종식당 앞에서 길을 건너가세요. 그러면 행복 쇼핑몰이 있어요.

활동 2 | 1번 | 51쪽

1) 안나 씨 집 옆에 약국이 있어요.
2) 세종학당에서 안나 씨 집까지 십오 분쯤 걸려요.

활동 2 | 2번 | 51쪽

[예시]
옷 가게에서 똑바로 가세요. 그러면 소방서가 있을 거예요. 소방서에서 왼쪽으로 가세요. 그러면 은행이 있어요. 은행 왼쪽에 우리 집이 있어요.

06 How can I get to Hanguk Art Museum?
한국미술관까지 어떻게 가요?

어휘와 표현 | 2번 | 55쪽

2) 택시에서 내려요
3) 지하철을 타요
4) 차를 운전해요
5) 걸어서 가요

어휘와 표현 | 3번 | 55쪽

1) 지하철을
2) 택시를
3) 자전거를
4) 걸어서 가요

문법 1 | 1번 | 56쪽

1) 세종학당에서 집까지
2) 버스 정류장에서 서울 호텔까지
3) 제주도에서 부산까지
4) [예시]
중국에서 한국까지, 비행기를

문법 1 | 2번 | 56쪽

2) 가: 여기에서 회사까지 어떻게 가요?
나: 자전거를 타고 가요.
가: 얼마나 걸려요?
나: 이십 분쯤 걸려요.
3) 가: 여기에서 공원까지 어떻게 가요?
나: 오토바이를 타고 가요.
가: 얼마나 걸려요?
나: 십 분쯤 걸려요.
4) 가: 여기에서 학교까지 어떻게 가요?
나: 지하철을 타고 가요.
가: 얼마나 걸려요?
나: 삼십 분쯤 걸려요.
5) [예시]
가: 여기에서 우체국까지 어떻게 가요?
나: 걸어서 가요.
가: 얼마나 걸려요?
나: 십 분쯤 걸려요.

문법 2 | 1번 | 57쪽

1) 가요
2) 만나요
3) 사요
4) 만들어요

문법 2 | 2번 | 57쪽

1) 게임을 해요
2) 커피를 마셔요
3) 공원에 가요
4) 택시를 타요

활동 1 | 1번 | 58쪽

1) 두 사람은 한국미술관에 8번 버스를 타고 가요.
2) 한국미술관까지 삼십 분쯤 걸려요.

활동 1 | 2번 | 58쪽

2) 가: 세종백화점에 같이 갈까요?
나: 좋아요. 세종백화점까지 어떻게 가요?
가: 여기에서 지하철을 타고 가요.
나: 얼마나 걸려요?
가: 십 분쯤 걸려요.
3) 가: 제주도에 같이 갈까요?
나: 좋아요. 제주도까지 어떻게 가요?
가: 여기에서 비행기를 타고 가요.
나: 얼마나 걸려요?
가: 한 시간쯤 걸려요.
4) [예시]
가: 부산에 같이 갈까요?
나: 좋아요. 부산까지 어떻게 가요?
가: 여기에서 기차를 타고 가요.
나: 얼마나 걸려요?
가: 세 시간쯤 걸려요.

활동 2 | 1번 | 59쪽

1) 마리 씨는 어제 회사에 택시를 타고 갔어요.
2) 마리 씨는 세종학당에 버스를 타고 가요.

활동 2 | 2번 | 59쪽

[예시]
저는 아침에 수영장에서 수영을 해요. 집에서 수영장까지 가까워요. 그래서 수영장까지 걸어서 가요. 학교는 집에서 조금 멀어요. 그래서 학교까지 지하철을 타고 가요. 그리고 버스를 한 번 갈아타요. 학교까지 한 시간쯤 걸려요.

07 I'm planning to go to Jeju Island
제주도에 가려고 해요

어휘와 표현 | 3번 | 63쪽

2) 가: 어디로 여행을 가요?
나: 부산으로 갈 거예요.
가: 부산에서 뭐 할 거예요?
나: 낚시를 할 거예요.
3) 가: 어디로 여행을 가요?
나: 서울로 갈 거예요.
가: 서울에서 뭐 할 거예요?
나: 맛집에 갈 거예요.
4) 가: 어디로 여행을 가요?
나: 경주로 갈 거예요.
가: 경주에서 뭐 할 거예요?
나: 박물관에 갈 거예요.

문법 1 | 1번 | 64쪽

1) 한라산에 올라가려고 해요
2) 청소를 하려고 해요
3) 책을 많이 읽으려고 해요
4) 비빔밥을 만들려고 해요

문법 1 | 2번 | 64쪽

2) 공원에 가다 – 오늘 날씨가 좋다 – 자전거를 타다
가: 어디 가요?
나: 공원에 가요. 오늘 날씨가 좋아서 자전거를 타려고 해요.
3) 친구 집에 가다 – 친구 생일이다 – 생일 파티를 하다
가: 어디 가요?
나: 친구 집에 가요. 친구 생일이어서 생일 파티를 하려고 해요.
4) 미용실에 가다 – 머리가 길다 – 머리를 자르다
가: 어디 가요?
나: 미용실에 가요. 머리가 길어서 머리를 자르려고 해요.

문법 2 | 1번 | 65쪽

1) 친구를 만나고 청소도 할 거예요
2) 바다가 아름답고 음식도 맛있어요
3) 한국어 공부를 하고 아르바이트도 해요
4) 텔레비전을 보고 책도 읽어요

문법 2 | 2번 | 65쪽

1) 수지는 텔레비전을 보고 마리는 요리해요
2) 수지는 청소를 했고 마리는 친구를 만났어요
3) [예시]
저는 드라마를 보고 게임도 할 거예요

활동 1 | 1번 | 66쪽

1) 마리 씨는 휴가에 제주도에 가려고 해요.
2) 마리 씨는 제주도에서 한라산에도 가고 바다에도 갈 거예요.

활동 1 | 2번 | 66쪽

2) 가: 마리 씨, 이번 휴가에 뭐 할 거예요?
나: 경주에 가려고 해요.
가: 경주에서 뭐 할 거예요?
나: 불국사에도 가고 박물관에도 갈 거예요.
3) 가: 마리 씨, 이번 휴가에 뭐 할 거예요?
나: 서울에 가려고 해요.

가: 서울에서 뭐 할 거예요?
나: 쇼핑도 하고 콘서트도 보러 갈 거예요.

4) [예시]
가: 마리 씨, 이번 휴가에 뭐 할 거예요?
나: 춘천에 가려고 해요.
가: 춘천에서 뭐 할 거예요?
나: 남이섬에도 가고 닭갈비도 먹을 거예요.

| 활동 2 | 1번 | 67쪽 |

1) 주노 씨는 설악산으로 여행을 갈 거예요.
2) 주노 씨는 등산화하고 수영복을 샀어요. 선글라스도 샀어요.

| 활동 2 | 2번 | 67쪽 |

[예시]
저는 이번 휴가에 혼자 부산으로 여행을 가요. 부산에는 아름다운 바다가 있어요. 바다에서 배를 타고 낚시도 할 거예요. 저녁에는 바다 근처 맛집에도 가려고 해요. 그래서 저는 모자하고 선글라스를 샀어요. 편한 운동화도 샀어요. 빨리 부산 여행을 가고 싶어요.

08 It was better than the last trip
지난번 여행보다 좋았어요

| 어휘와 표현 | 2번 | 71쪽 |

2) 삼계탕을 먹어요
3) 케이팝(K-POP) 콘서트에 가요
4) 한복을 입어요

| 어휘와 표현 | 3번 | 71쪽 |

2) 가: 안나 씨, 어디에 갔어요?
나: 인사동에 갔어요.
가: 어땠어요?
나: 한국 전통 음식이 맛있었어요.
3) 가: 안나 씨, 어디에 갔어요?
나: 설악산에 갔어요.
가: 어땠어요?
나: 눈이 많이 왔어요.
4) 가: 안나 씨, 어디에 갔어요?
나: 케이팝(K-POP) 콘서트에 갔어요.
가: 어땠어요?
나: 한국 가수들이 아주 멋있었어요.

| 문법 1 | 1번 | 72쪽 |

1) 운동한 후에 물을 마셔요
2) 밥을 먹은 후에 커피를 마셔요
3) 공부한 후에 텔레비전을 봐요
4) 음식을 만든 후에 전화해요

| 문법 1 | 2번 | 72쪽 |

[예시]
가: 지금 뭐 해요?
나: 설거지를 해요.
가: 설거지를 한 후에 뭐 할 거예요?
나: 게임할 거예요.

| 문법 2 | 1번 | 73쪽 |

1) 수영보다 축구를 더 좋아해요
2) 설악산보다 한라산이 더 높아요
3) 버스보다 지하철이 더 편해요
4) 불고기보다 삼계탕이 더 맛있어요

| 문법 2 | 2번 | 73쪽 |

1) [예시]
가: 무슨 운동을 더 좋아해요?
나: 수영보다 축구를 더 좋아해요.

| 활동 1 | 1번 | 74쪽 |

1) 마리 씨는 부산으로 여행을 갔어요.
2) 마리 씨의 이번 여행은 지난번 여행보다 좋았어요.

| 활동 1 | 2번 | 74쪽 |

2) 가: 이번 여행은 어땠어요?
나: 지난번 여행보다 더 좋았어요.
가: 뭐가 더 좋았어요?
나: 유명한 맛집을 찾았어요. 그래서 바다에서 수영을 한 후에 맛있는 음식을 먹었어요.
3) 가: 이번 여행은 어땠어요?
나: 지난번 여행보다 더 좋았어요.
가: 뭐가 더 좋았어요?
나: 축제가 재미있었어요. 그래서 축제를 끝까지 본 후에 사진을 많이 찍었어요.
4) [예시]
가: 이번 여행은 어땠어요?
나: 지난번 여행보다 더 좋았어요.
가: 뭐가 더 좋았어요?
나: 한국 친구들을 많이 만났어요. 그래서 같이 경복궁 구경을 한 후에 맛집에 갔어요.

| 활동 2 | 1번 | 75쪽 |

1) 안나 씨는 경복궁을 구경했어요. 한국 사람보다 외국 사람이 더 많았어요.

2) 안나 씨는 한강에서 자전거를 탄 후에 산책도 하고 편의점에서 라면도 먹었어요.

활동 2	2번	75쪽

[예시]

저는 이번 휴가에 친구들하고 같이 서울에 갔습니다. 우리는 먼저 명동에 갔습니다. 명동에는 옷 가게하고 화장품 가게가 정말 많았습니다. 우리는 예쁜 옷과 좋은 화장품을 샀습니다. 다음 날에는 케이팝(K-POP) 콘서트를 보러 갔습니다. 한국 가수들이 아주 멋있었습니다. 콘서트가 끝난 후에 가수들하고 같이 사진도 찍었습니다. 서울 여행이 참 재미있었습니다. 저는 서울에 다시 가고 싶습니다.

09 You need to take plenty of rest at home

집에서 푹 쉬어야 돼요

어휘와 표현	2번	79쪽

2) 목이 아파요
3) 기침을 해요
4) 콧물이 나요
5) 열이 나요

어휘와 표현	3번	79쪽

2) 가: 수지 씨, 어디가 아파요?
   나: 네. 감기에 걸렸어요. 콧물이 나고 열이 나요.
3) 가: 수지 씨, 어디가 아파요?
   나: 네. 감기에 걸렸어요. 열이 나고 기침을 해요.
4) [예시]
   가: 수지 씨, 어디가 아파요?
   나: 네. 감기에 걸렸어요. 콧물이 나고 머리가 아파요.

문법 1	1번	80쪽

1) 예쁘지만 불편해요
2) 맛있지만 좀 비싸요
3) 토요일에는 가지만 일요일에는 안 가요
4) 아까는 복잡했지만 지금은 안 복잡해요

문법 1	2번	80쪽

2) 가: 모자가 어때요?
   나: 멋있지만 비싸요.
3) 가: 지난번 여행이 어땠어요?
   나: 날씨가 너무 더웠지만 좋았어요.
4) [예시]
   가: 운동화가 어때요?
   나: 싸지만 불편해요.

문법 2	1번	81쪽

1) 단어를 외워야 돼요
2) 버스를 타고 가야 돼요
3) 옷을 많이 입어야 돼요
4) 아르바이트를 해야 돼요

문법 2	2번	81쪽

1) 잠을 (푹/많이) 자야 돼요
2) 물을 (자주/많이) 마셔야 돼요
3) 병원에 가야 돼요

활동 1	1번	82쪽

1) 안나 씨는 열이 나고 목도 아파요.
2) 안나 씨는 집에서 푹 쉬어야 돼요. 그리고 따뜻한 물도 자주 마셔야 돼요.

활동 1	2번	82쪽

2) 가: 안나 씨, 어디가 아파요?
   나: 네. 열도 나고 기침도 해요. 약을 먹었지만 계속 아파요.
   가: 약을 잘 먹고 푹 쉬어야 돼요.
   나: 네. 고마워요.
3) 가: 안나 씨, 어디가 아파요?
   나: 네. 목도 아프고 콧물도 나요. 약을 먹었지만 계속 아파요.
   가: 약을 잘 먹고 푹 쉬어야 돼요.
   나: 네. 고마워요.
4) [예시]
   가: 안나 씨, 어디가 아파요?
   나: 네. 콧물도 나고 기침도 해요. 약을 먹었지만 계속 아파요.
   가: 약을 잘 먹고 푹 쉬어야 돼요.
   나: 네. 고마워요.

활동 2	1번	83쪽

1) 유진 씨는 어제부터 눈이 많이 아팠어요.
2) 유진 씨는 내일 다시 병원에 가야 돼요.

활동 2	2번	83쪽

[예시]

저는 등산을 좋아해요. 토요일에 날씨가 추웠지만 등산을 했어요. 그런데 일요일부터 목이 많이 아프고 콧물도 계속 나서 병원에 갔어요. 의사 선생님을 만난 후에 약국에서 약을 샀어요. 하루에 세 번 약을 먹고 집에서 푹 쉬었어요. 그래서 다음 날에 몸이 안 아팠어요.

10 I go swimming before school
학교에 가기 전에 수영을 해요

어휘와 표현 | 2번 | 87쪽

1) 일찍
2) 꼭
3) 자주
4) 가끔
5) 아주

어휘와 표현 | 3번 | 87쪽

2) 가: 안나 씨는 채소를 많이 먹어요?
   나: 네. 저는 채소를 많이 먹어요. / 아니요. 저는 채소를 잘 안 먹어요.
3) 가: 안나 씨는 밤에 잠을 잘 자요?
   나: 네. 저는 밤에 잠을 잘 자요. / 아니요. 저는 밤에 잠을 잘 못 자요.
4) [예시]
   가: 안나 씨는 매일 운동해요?
   나: 네. 저는 매일 운동해요. / 아니요. 저는 운동을 잘 안 해요.

문법 1 | 1번 | 88쪽

1) 먹기 전에
2) 하기 전에
3) 자기 전에
4) 돌아가기 전에

문법 1 | 2번 | 88쪽

2) 가: 친구 생일 파티를 하기 전에 뭘 준비해요?
   나: 친구 생일 파티를 하기 전에 꽃을 사요.
3) 가: 결혼식을 하기 전에 뭘 준비해요?
   나: 결혼식을 하기 전에 친구를 초대해요.
4) [예시]
   가: 요리를 하기 전에 뭘 준비해요?
   나: 요리를 하기 전에 고기하고 채소를 사요.

문법 2 | 1번 | 89쪽

1) 친구를 만나서 같이 영화를 봐요
2) 일찍 일어나서 운동을 하러 가요
3) 샐러드를 만들어서 친구하고 먹어요
4) 친구를 초대해서 생일 파티를 해요

문법 2 | 2번 | 89쪽

2) 가: 카페에 가서 보통 뭘 해요?
   나: 카페에 가서 커피를 마셔요.
3) 가: 한국어를 배워서 뭘 하고 싶어요?
   나: 한국어를 배워서 한국 여행을 하고 싶어요.
4) 가: 여행을 가서 뭘 하고 싶어요?
   나: 여행을 가서 사진을 많이 찍고 싶어요.

활동 1 | 1번 | 90쪽

1) 안나 씨는 학교에 가기 전에 수영을 해요.
2) 안나 씨는 학교에 가서 아침을 먹어요.

활동 1 | 2번 | 90쪽

2) 가: 지니 씨는 보통 몇 시에 일어나요?
   나: 저는 여덟 시 삼십 분에 일어나요.
   가: 아침에 일어나서 제일 먼저 뭘 해요?
   나: 저는 일어나서 요가를 해요.
3) 가: 유진 씨는 보통 몇 시에 일어나요?
   나: 저는 아홉 시에 일어나요.
   가: 아침에 일어나서 제일 먼저 뭘 해요?
   나: 저는 일어나서 아침을 먹어요.
4) [예시]
   가: 주노 씨는 보통 몇 시에 일어나요?
   나: 저는 여덟 시에 일어나요.
   가: 아침에 일어나서 가장 먼저 뭘 해요?
   나: 저는 일어나서 사과를 먹어요.

활동 2 | 1번 | 91쪽

1) 이 사람은 아침에 채소와 과일을 많이 먹어요.
2) 이 사람은 자기 전에 요가를 해요.

활동 2 | 2번 | 91쪽

[예시]

저는 보통 일곱 시에 일어나요. 아침에 일어나서 집 근처 공원에 산책을 하러 가요. 산책을 한 후에 아침을 꼭 먹어요. 그리고 회사에 가요. 회사에서는 물을 자주 마셔요. 퇴근한 후에는 헬스클럽에서 운동을 해요. 그러면 기분이 아주 좋아요. 그리고 열한 시쯤 잠을 자요.

11 Can you make Korean food?
한국 음식을 만들 수 있어요?

어휘와 표현 | 2번 | 95쪽

2) 가: 안나 씨는 뭘 할 거예요?
   나: 장소를 예약할 거예요.
3) 가: 수지 씨는 뭘 할 거예요?
   나: 선물을 준비할 거예요.
4) 가: 유진 씨는 뭘 할 거예요?
   나: 친구들을 초대할 거예요.

어휘와 표현 | 3번 | 95쪽

2) 가: 독서 모임을 하고 싶어요. 뭘 준비해야 돼요?
나: 읽고 싶은 책을 정하고 사람들을 초대해야 돼요.
3) 가: 여행 모임을 하고 싶어요. 뭘 준비해야 돼요?
나: 여행 장소를 정하고 호텔을 예약해야 돼요.
4) [예시]
가: 케이팝(K-POP) 모임을 하고 싶어요. 뭘 준비해야 돼요?
나: 모임 장소를 정하고 사람들을 초대해야 돼요.

문법 1 | 1번 | 96쪽

1) 할 수 있어요, 네. 할 수 있어요
2) 칠 수 있어요, 아니요. 칠 수 없어요
3) 탈 수 있어요, 네. 탈 수 있어요
4) 읽을 수 있어요, 아니요. 읽을 수 없어요

문법 1 | 2번 | 96쪽

2) 가: 마리 씨, 오늘 같이 운동할 수 있어요?
나: 미안해요. 다리를 다쳐서 운동할 수 없어요.
3) 가: 주노 씨, 주말에 만날 수 있어요?
나: 미안해요. 다른 약속이 있어서 만날 수 없어요.
4) [예시]
가: 유진 씨, 내일 모임에 올 수 있어요?
나: 미안해요. 다른 일이 있어서 갈 수 없어요.

문법 2 | 1번 | 97쪽

1) 청소하고 있어요
2) 테니스를 치고 있어요
3) 라면을 먹고 있어요
4) 자전거를 타고 있어요

문법 2 | 2번 | 97쪽

2) 가: 유진 씨는 뭐 하고 있어요?
나: 전화하고 있어요.
3) 가: 주노 씨는 뭐 하고 있어요?
나: 음악을 듣고 있어요.
4) 가: 마리 씨는 뭐 하고 있어요?
나: 책을 읽고 있어요.
5) 가: 안나 씨는 뭐 하고 있어요?
나: 커피를 마시고 있어요.
6) 가: 재민 씨는 뭐 하고 있어요?
나: 친구하고 이야기하고 있어요.

활동 1 | 1번 | 98쪽

1) 우리 반 모임 장소는 주노 씨 집이에요.
2) 주노 씨는 요즘 한국 요리를 배우고 있어요.

활동 1 | 2번 | 98쪽

2) 가: 마리 씨 생일 파티는 어디에서 할까요?
나: 주노 씨 집은 어때요?
가: 네. 좋아요. 제가 선물을 준비할 수 있어요.
나: 그럼 저하고 같이 준비해요.
3) 가: 독서 모임은 어디에서 할까요?
나: 우리 집은 어때요?
가: 네. 좋아요. 제가 음식을 준비할 수 있어요.
나: 그럼 저하고 같이 준비해요.
4) [예시]
가: 케이팝(K-POP) 모임은 어디에서 할까요?
나: 세종학당 소강당은 어때요?
가: 네. 좋아요. 제가 친구들을 초대할 수 있어요.
나: 그럼 저하고 같이 초대해요.

활동 2 | 1번 | 99쪽

1) 안나 씨는 이 모임에 케이팝을 좋아하는 사람들을 초대해요.
2) 사람들은 이 모임에서 한국 음악을 듣고 노래를 부를 거예요. 그리고 춤도 배울 거예요.

활동 2 | 2번 | 99쪽

[예시]

독서 모임에 초대합니다

모임 내용: 독서를 좋아하는 사람들이 함께 읽고 싶은 책을 정하고 읽습니다.
그리고 책 이야기도 같이 할 수 있습니다.
우리는 매주 토요일에 모이고 있습니다.
우리 독서 모임에 오세요.

시간: 매주 토요일 오후 4시~6시
장소: 세종 카페
문의: 마리(010-1214-7406)

12 I'm going to give Jinnie a pen as a gift
저는 지니 씨에게 펜을 선물할 거예요

어휘와 표현 | 3번 | 103쪽

2) 가: 동생 졸업식에 무슨 선물을 줄 거예요?
나: 저는 꽃을 주고 싶어요.
3) 가: 친구 결혼식에 무슨 선물을 줄 거예요?
나: 저는 화장품을 주고 싶어요.
4) [예시]
가: 어린이날에 무슨 선물을 줄 거예요?
나: 저는 게임기를 주고 싶어요.

문법 1	1번	104쪽

1) 주노 씨에게
2) 누나에게
3) 동생에게
4) 리사 씨에게

문법 1	2번	104쪽

2) 가: 주노 씨, 누구에게 전화를 했어요?
   나: 저는 수지 씨한테 전화를 했어요.
3) 가: 재민 씨, 누구에게 메시지를 보냈어요?
   나: 저는 리사 씨한테 메시지를 보냈어요.
4) [예시]
   가: 마리 씨, 누구에게 커피를 주었어요?
   나: 저는 지니 씨한테 커피를 주었어요.

문법 2	1번	105쪽

1) 비싸니까
2) 바쁘니까
3) 싸고 맛있으니까
4) 매우니까

문법 2	2번	105쪽

2) 가: 마리 씨, 우리 같이 식사할까요?
   나: 아니요. 배가 안 고프니까 차를 마셔요.
3) 가: 마리 씨, 우리 같이 게임을 할까요?
   나: 아니요. 지금은 약속이 있으니까 주말에 해요.
4) [예시]
   가: 마리 씨, 우리 같이 이번 주말에 영화를 볼까요?
   나: 아니요. 이번 주에는 바쁘니까 다음 주에 봐요.

활동 1	1번	106쪽

1) 지니 씨가 졸업을 해서 두 사람은 지니 씨 졸업 선물을 준비하려고 해요.
2) ① 유진 – 꽃, ② 안나 – 펜

활동 1	2번	106쪽

2) 가: 동생 고등학교 입학식에 어떤 선물을 할까요?
   나: 동생이 케이팝(K-POP)을 좋아하니까 콘서트 표는 어때요?
   가: 네. 좋은 생각이에요.
3) 가: 리사 씨 결혼식에 어떤 선물을 할까요?
   나: 리사 씨가 요리를 자주 하니까 그릇은 어때요?
   가: 네. 좋은 생각이에요.
4) [예시]
   가: 유진 씨 생일에 어떤 선물을 할까요?
   나: 유진 씨가 게임을 좋아하니까 게임기는 어때요?
   가: 네. 좋은 생각이에요.

활동 2	1번	107쪽

1) 안나 씨는 오늘 다른 일이 있어요.
2) 안나 씨는 재민 씨에게 케이크를 만들어서 주었어요.

활동 2	2번	107쪽

[예시]

> 지니 씨,
> 졸업 축하해요. 저는 회사에 일이 있어서 지니 씨 졸업식에 못 가요. 정말 미안해요.
> 그런데 지니 씨에게 주고 싶어서 지갑을 준비했어요.
> 비싼 지갑은 아니지만 예뻐서 샀어요. 앞으로 잘 쓰세요.
> 제가 이번 주말에는 시간이 있어요. 만나서 같이 놀고 맛있는 음식도 먹어요.
> 다시 한번 졸업을 축하해요.
>
> – 마리.

Vocabulary Index

(in Korean alphabetical order)

1B

Vocabulary Index

(in English alphabetical order)

1B

Credits

1B

※ 이 교재는 산돌폰트 외 Ryu 고운한글돋움OTF, Ryu 고운한글바탕OTF 등을 사용하여 제작되었습니다. Ryu 고운한글돋움OTF, Ryu 고운한글바탕OTF 서체는 서체 디자이너 류양희 님에게서 제공 받았습니다.

※ 강승희, 곽명주, 박가을, 이재영, 정원교 작가와 함께 작업했습니다.

| 게티이미지코리아 |

1과 15쪽_1번 (상, 좌로부터)⑤ 3과 31쪽_3번 2) 4과 43쪽_1번 5과 46쪽_(시계방향으로)①/②/④ 6과 54쪽_(위로부터)①/②/③/⑥; 55쪽_3번 (보기)/1)/2) 7과 62쪽_(시계방향으로)⑦ 8과 70쪽_부산국제영화제; 71쪽_2번 1); 74쪽

| 셔터스톡 |

스피커 아이콘

말풍선

연필 아이콘

1과 15쪽_1번 (상, 좌로부터)①/②/③/④, 하, 3번; 16쪽_상; 17쪽; 18쪽_1번 상, 1)①우/②우; 19쪽; 20쪽 2과 23쪽_1번 (상, 좌로부터)③/⑤, (하, 좌로부터)①; 24쪽_1번, 2번; 25쪽_상우, 1번; 27쪽; 28쪽 3과 29쪽; 30쪽; 31쪽_1번, 3번 (보기)/1)/3)/4); 32쪽_2번; 33쪽; 34쪽_2번; 35쪽; 36쪽 4과 38쪽; 39쪽_1번; 40쪽_1번, 2번; 41쪽_1번, 2번; 43쪽_2번; 44쪽 5과 46쪽_(시계방향으로)③/⑤; 47쪽; 48쪽_1번, 2번 (좌로부터)①/②; 49쪽_1번, 2번; 50쪽; 51쪽_1번; 52쪽 6과 54쪽_(위로부터)④/⑤; 55쪽_1번, 3번 3)/4); 56쪽; 57쪽; 58쪽; 59쪽; 60쪽 7과 61쪽; 62쪽_(지도), (시계방향으로)②/③/④/⑤/⑥; 63쪽_3번; 64쪽; 65쪽_상좌, 1번, 2번 (보기); 66쪽_1번; 67쪽; 68쪽 8과 69쪽; 70쪽; 71쪽_1번 상, (하, 좌로부터)①/②, 2번 2)/3)/4); 72쪽_상좌, 1번 (보기)/1)우/2)/3)/4); 73쪽_상좌, 1번; 75쪽; 76쪽 9과 78쪽; 79쪽_1번, 2번 1)/2)/3)/4), 3번; 80쪽; 81쪽; 82쪽; 84쪽 10과 86쪽; 87쪽; 88쪽; 89쪽; 91쪽; 92쪽 11과 93쪽; 94쪽; 96쪽_상, 1번 1)/2)/3)/4); 97쪽_상, 1번; 98쪽; 99쪽; 100쪽 12과 101쪽_상우; 102쪽_(위로부터)②/③; 103쪽; 104쪽; 105쪽_상, 1번 1)/2)/4); 106쪽_1번 상, 2)①우/②우; 107쪽; 108쪽 부록 109쪽, 130쪽; 131쪽

| 기타 |

2과 24쪽_세종학당 로고 (세종학당재단 제공)

7과 62쪽_남이섬 사진 (나미나라공화국 남이섬 제공)

MEMO

ㄱㄴㄷ

Sejong Korean 1B

Ministry of Culture, Sports and Tourism
National Institute of Korean Language

154 Geumnanghwa-ro, Gangseo-gu
Seoul, 07511, Rep. of Korea
Tel. +82 (0)2-2669-9775
Fax. +82 (0)2-2669-9727
www.korean.go.kr

PROJECT MANAGERS	Park Miyoung	National Institute of Korean Language
	Jo Eun	National Institute of Korean Language
LEAD AUTHOR	Lee Jung Hee	Institute of International Education Kyung Hee University
CO-AUTHORS	Jang Mijung	Institute of General Education Korea University
	Kim Eun Ae	Language Education Institute Seoul National University
	Chun Minji	Hanyang Institute of International Education Hanyang University
	Kim Jihye	Institute of International Education Kyung Hee University
ASSISTANT AUTHORS	Moon Jinsook	Department of Korean Language and Literature Kyung Hee University
	Han Jaemin	Department of Korean Language and Literature Kyung Hee University
	Jeong Seong Ho	Department of Korean Language and Literature Kyung Hee University
	Seo Yoo Ri	Department of Korean Language and Literature Kyung Hee University
REVIEWER OF ENGLISH TRANSLATION	Danielle O. Pyun	Department of East Asian Languages & Literatures The Ohio State University

KONG & PARK

85 Gwangnaru-ro 56-gil, Gwangjin-gu
Seoul, 05116, Rep. of Korea
Tel. +82 (0)2-565-1531
Fax. +82 (0)2-6499-1801
www.kongnpark.com

PUBLISHER	Director	Kong Kyung Yong
	Editors	Lee Eugene, Kim Saehoon, Lee Jindeok, Yeo Inyeong, Kim Ryunghee, Sung Soojung, Choi Eunjung, Ham Soyeon
	Copy Editors	Sung A. Jung, Paulina Zolta, Kassandra Lefrancois-Brossard
	Graphic Designers	Oh Jinkyung, Seo Euna, Lee Jongwoo, Lee Seunghee
	Illustrators	Kang Seunghee, Kwak Myeongju, Park Gaeul, Lee Jaeyoung, Chung Wonkyo
	Management / Production	Gong Il-Seog, Choi Jinho
	Technical Manager	Son Dae-Chul
	Marketing Manager	Yoon Sungho

Back | Map of Korea

MAP LEGEND
International Boundary
Secondary Boundary: State, Provincial, etc
Demarcation Line
Expressway
Primary Road
High-speed Railway
Railway
International Airport
Lighthouse
(Persons)
POPULATED PLACES
Over 3,000,000
1,000,000~3,000,000
500,000~1,000,000
100,000~500,000
10,000~100,000
Under 10,000
CAPITAL
123°
125°
127°
129°
131°
42°
40°
38°
36°
34°
EAST SEA
YELLOW SEA
KOREA STRAIT
Korea Bay
Seohanman
Donghanman
Gyeonggiman
Jeju Strait
Vladivostok
Hunchun
Tumen
Yanji
Antu
Longjing
Helong
Kraskino
Naseon(Najin)
Hoeryeong
Baishan
Fusong
Jingyu
Huadian
Panshi
Liaoyuan
Dongfeng
Huinan
Meihekou
Liuhe
Tonghua
Linjiang
Liaoyang
Benxi
ANSHAN
Huanren
Kuanding
Fengcheng
Xiuyan
Dandong
Donggang
Daehongdan
Musan
Buryeong
Samjiyeon
HAMGYEONGBUK-DO
Cheongjin
Gyeongseong
Eorang
Changbai
Bocheon
Hyesan
Samsu
Unheung
Hwaseong (Myeonggan)
Myeongcheon
Gilju
Hwadae
Gimchaek (Seongjin)
Dancheon
Gapsan
YANGGANG-DO
Pungseo
Gimhyeonggwon (Pungsan)
Heocheon
Manpo
Ji'an
Wiwon
Ganggye
Nangnim
Chosan
JAGANG-DO
Jeoncheon
Bujeon
HAMGYEONGNAM-DO
Iwon
Bukcheong
Sinheung
Sinpo
Hongwon
Hamheung
Mayangdo
Huicheon
Sinuiju
Uiju
Sakju
Changseong
PYEONGANBUK-DO
Yongcheon
Guseong
Seoncheon
Bidanseom
Cheolsan
Jeongju
Anju
Gaecheon
Deokcheon
Yeongwon
Maengsan
Gowon
PYEONGANNAM-DO
Suncheon
Pyeongwon
Seongcheon
Muncheon
Hodobando(Pen.)
Yeongheungman (Wonsanman)
Wonsan
Yangdeok
Gangdong
PYEONGYANG
Gangseo
Yonggang
Nampo
Junghwa
Anbyeon
Tongcheon
Goksan
Suan
HWANGHAEBUK-DO
Sariwon
Singye
Hoeyang
Geumgang
Goseong
Eunyul
Songhwa
Sincheon
Jaeryeong
Seoheung
Icheon
Pyeonggang
Gimhwa
Sokcho
Yangyang
Monggeumpo
Jangyeon
HWANGHAENAM-DO
Baengnyeongdo
Haeju
Gaeseong
GYEONGGI-DO
Cheorwon
Hwacheon
Yanggu
Inje
Daecheongdo
Ongjin
Sunwido
Yeonan
Ganghwa
Dongducheon
Pocheon
Chuncheon
Hongcheon
Gangneung
Yeonpyeongdo
Goyang
SEOUL
Namyangju
GANGWON-DO
Donghae
Samcheok
Ulleungdo
Ulleung
Dokdo
Bucheon
INCHEON
Seongnam
Ansan
Anyang
Hoengseong
Wonju
Pyeongchang
Jeongseon
Taebaek
SUWON
Yongin
Osan
Deokjeok gundo
Pyeongtaek
Chungju
Jecheon
Bonghwa
Uljin
Dangjin
Seosan
Cheonan
CHUNGCHEONGBUK-DO
Taean
Asan
Yecheon
Yeongju
Hongseong
SEJONG
Cheongju
Andong
Pyeonghae
CHUNGCHEONGNAM-DO
Boryeong
Gongju
DAEJEON
GYEONGSANGBUK-DO
Cheongsong
Yeongdeok
Sangju
Gumi
Seocheon
Nonsan
Gunsan
Iksan
Jeonju
Yeongdong
Gimcheon
Pohang
DAEGU
Gyeongju
Gimje
JEOLLABUK-DO
Gogunsanyeoldo
Geochang
ULSAN
Anma gundo
Gochang
Jeongeup
Namwon
Hapcheon
Miryang
GYEONGSANGNAM-DO
Yangsan
Gijang
Jangseong
GWANGJU
CHANGWON
BUSAN
Gimhae
Jinju
Hampyeong
Naju
Hwasun
Suncheon
Gwangyang
Sacheon
Geoje
Tongyeong
Mokpo
Yeongam
JEOLLANAM-DO
Yeosu
Namhaedo
Hongdo
Daeheuksando
Sinan
Gangjin
Haenam
Jindo
Wando
Sojunggan gundo
Geocha gundo
Soan gundo
Sonjukyeoldo
Gageodo
Chuja gundo
Geomundo
Gageocho Ocean Research Station (Korea)
JEJU SPECIAL SELF-GOVERNING PROVINCE
Jeju
Seongsan
Hallim
Jejudo
Hallasan
Seogwipo
Daejeong
Marado
Tsushima
Izuhara
Iki-Shima
KITAKYUSHU
FUKUOKA
Shimonoseki
Ube
Yamaguchi
Hagi
Nagato
Hohoku
Masuda
Hamada
Mi-shima
Susa
Hofu
Yukuhashi
Nogata
Karatsu
Imari
Kurume
Saga
Hirado-shima
Hirado
Sasebo
Kashima
Omuta
Hita
Beppu
Oita
Bungotakada